이 책을 만든 사람들

페르난도 마린
40년 동안 역사와 지리 교사로 활동했다. 그는 어린이가 학습의 주체이고,
교사는 어린이 스스로 질문을 하도록 도움을 주는 사람이라는 믿음을 가지고 있다.

로레토 우레홀라
20여 년 동안 대학에서 역사학을 가르치고 있다. 세 아이의 어머니로,
자녀들에게 선물할 첫번째 역사책으로 이 책을 썼다.

가브리엘라 리온
일러스트레이터.《햇살 좋은 날》로 2019년 어린이도서상을 수상했으며,
《9킬로미터: 나의 학교 가는 길》로 화이트레이븐스 상을 받았다.

이진하
옮긴이. 서울 경복초등학교 교사이며, 유튜브 채널 역사위키 교과서엔 없는 리얼스토리의
1인 크리에이터이기도 하다. 다양한 온라인 역사 콘텐츠를 제작해,
교사들에게 한국사와 온라인수업 방법을 가르치는 '선생님들의 선생님'이다.
저서로는 『원큐패스 초등한능검』이 있다.

역사의 주인공은 바로 나! @2023

초판 1쇄 발행일·2023년 10월 19일 | 2쇄 발행일·2025년 1월 15일
글·페르난도 마린, 로레토 우레홀라 | 그림·가브리엘라 리온 | 옮긴이·이진하
펴낸이·윤은숙 | 펴낸 곳·(주)느림보
편집·이선영 | 디자인·윤미정
등록일자·1997년 4월 17일 | 등록번호·제10-1432호
주소·경기도 파주시 탄현면 헤이리마을길 48-45
전화·편집부 (031)949-8761 | 팩스·(031)949-8762
블로그·https://blog.naver.com/nurimbo_pub
ISBN·978-89-5876-252-2 74900

Yo y la historia
@Text Fernando Marín
@Text Loreto Urrejola
@Illustrations Gabriela Lyon
@La Bonita Ediciones, 2022

Korean translation copyright @ 2023 by Nurimbo Publishing Co.
through VLP Agency, Chile (www.vlp.agency) & Amo Agency, Korea

이 책의 한국어판 저작권은 AMO 에이전시를 통한 La Bonita Ediciones와의 독점계약에 의하여 ㈜느림보에 있습니다.
신 저작권법에 의하여 한국 내에서 보호를 받는 저작물이므로 무단전재와 무단복제를 금합니다.

초등생을 위한
지식과 생각의 학교 ▾역사

역사의 주인공은 바로 나!

페르난도 마린, 로레토 우레홀라 글 • 가브리엘라 리온 그림 • 이진하 옮김

느림보

차례

프롤로그
인류의 역사, 나의 역사
4~5

Chapter 1
어린이의 역사
6~15

Chapter 2
여성의 역사
16~23

Chapter 3
인종차별
24~33

Chapter 4
이주
34~43

Chapter 5
소통과 통신기술
44~55

Chapter 6
전염병과 역사
56~65

Chapter 7
미래는 우리의 것!
66~75

에필로그
역사의식과 공감 능력이 가장 중요해요!
76~77

프롤로그
인류의 역사, 나의 역사

역사는 무엇일까요? 역사는 우리 인류가 겪은 사건들을 말해요.
또한 어떤 장소, 도시, 사상이나 사람의 과거도 역사라고 해요.
역사는 하나가 아니에요. 나에게도 소중한 나의 역사가 있어요.

감기에 걸렸을 때 만나는 소아과 선생님은 나의 진료 기록을 꼼꼼히 저장해 놓아요. 중학교에 가면 학업 기록도 남을 테지요? 지금도 나는 엄마 아빠, 친구들과 함께한 추억을 사진이나 글로 남겨요. 나는 나의 역사를 만드는 중이에요.

역사를 만드는 사람들

우리는 서로 다른 시간과 공간에서 태어났어요. 그리고 각자 다른 모습으로 살아요. 이런 삶의 흔적들이 모여서 역사가 만들어지는 거예요.

과거가 없으면 현재가 있을 수 없겠지요? 또한 현재 우리의 행동이 미래를 결정하겠지요? 과거와 현재, 미래는 끈처럼 서로 연결되어 있어요. 우리가 그것을 의식하지 못하지만요.

우리는 세계화 시대에 살고 있어요. 그래서 세계 사람들은 아주 가까운 이웃이 되었어요. 다른 나라나 문화, 종교, 언어를 가진 사람들과도 언제든 소통할 수 있지요. 이제 우리는 다른 사람들도 우리와 마찬가지로 도전해야 할 꿈이 있다는 것을 알아요. 그들 역시 그들의 역사를 만들고 있어요.

세계가 하나의 마을로 변했어요

과학기술이 고도로 발전하면서, 전문적인 대량생산이 이루어지고 교통이 눈부시게 발달했어요. 여기에 통신 혁명이 더해지자, 세계는 하나의 거대한 마을로 변했어요. **지구촌**이라는 말 들어본 적 있나요?

이제 세계화는 거스를 수 없는 현실이에요. 세계화가 되자, 사람들은 다른 나라에서도 일자리를 찾을 수 있다는 것을 알게 됐어요. 국제 무역과 문화 교류도 더욱 활발해졌고요. 하지만 전염병도 훨씬 더 빠르게 퍼질 수 있게 됐어요.

현재는 미래에 어떤 영향을 미칠까요?

세계화 때문에 생긴 문제는 전염병만이 아니에요. 기후 변화도 급격히 진행되고 있어요. 지구의 미래를 걱정할 정도로 심각한 상황이에요.

미래의 역사가는 환경활동가인 그레타 툰베리의 이름을 빼놓지 않을 거예요. 당시 14세인 스웨덴 소녀의 환경보호 시위는 전 세계로 퍼져나갔어요. 툰베리는 유엔에서 이렇게 연설했어요.

"생태계 전체가 무너지는데, 지도자들은 돈과 경제 성장만 이야기하고 있습니다. 어떻게 그럴 수 있나요? …… 당신들의 행동이 미래 세대가 살아갈 지구에 얼마나 나쁜 영향을 끼치는지 아십니까?"

툰베리는 현재의 결정과 행동이 미래에 영향을 끼친다면서, 자연을 파괴하는 대가로 막대한 이윤을 얻고 있는 지금의 상황을 비판했어요.

툰베리의 말처럼 과거와 현재, 미래는 서로 긴밀하게 연결되어 있어요. 과거가 현재를 만들고, 현재가 미래를 만드는 거잖아요? 우리는 반드시 이 사실을 잊어서는 안 돼요. 이런 게 바로 우리가 가져야 할 **역사의식**이에요.

역사학자가 되어볼까요!

역사가 재미있는 점은, 모든 질문에 대한 답을 그 속에서 찾을 수 있다는 거예요! 역사를 깊이 이해할수록 원하는 답을 찾기가 보다 쉬워져요. 그러나 **정답은 하나가 아니에요.** 답은 여러 개일 수도 있어요. 왜냐고요? 역사는 계속해서 생물처럼 변화하기 때문이에요. 역사학자들은 언제나 여러 가지 가능성을 열어두고 자유롭게 상상하기를 권하고 있어요.

Chapter 1
어린이의 역사

어린이들은 역사에 어떤 존재로 기록돼 있나요?
지금은 당연한 권리지만 과거에도 교육과 놀이,
적절한 영양을 공급받을 권리가 있었나요?

어른과 어린이를 구별하지 않았던 시대

과거에는 나라와 시대, 사회, 문화마다 어린이를 정의하는 기준이 달랐어요. 하지만 이 주제를 오랫동안 연구해 온 역사학자들이 있어요. 그들의 연구를 살펴보면서, 조상들이 어린이를 어떻게 생각했는지 둘러볼 수 있지요.

지금은 **어린이**라는 단어가 어른과는 다른 그들만의 **권리**(일 대신 놀이를 할 권리, 교육을 받을 권리 등등)를 가지고 있는 특별한 존재라는 의미가 있지만, 처음부터 그랬던 것은 아니에요. 300여 년 전쯤에서야 유럽인이 가장 먼저 어린이라는 인간의 성장 단계에 주목하기 시작했어요.

겨우 300여 년 전에야 어린이가 역사에 등장했다고요?

그건 아니에요. 어린이는 늘 역사에 등장했어요. 다만 어린이를 어른과 다른 존재로 여기지 않았을 뿐이에요. 과거 사람들은 어린이를 그저 어른의 일을 배우는 미숙한 사람이라고 생각했어요. 당시 어린이는 어른들 속에서 살아남기 위해 열심히 일을 배워야만 했지요.

선사시대 어린이

인류 역사는 선사시대부터 시작해요.
그 시대 사람의 수명은 매우 짧았어요. 평균 25~30세면 죽음을 맞이했대요. 특히 어린이는 동물의 새끼만큼 허약하잖아요? 어린이는 맹수의 공격과 질병, 배고픔, 추위 등을 견뎌내기가 몹시 어려웠어요. 그런 환경에서 살아남아 어른이 될 확률은 매우 낮았지요.

선사시대 어린이는 오로지 살아남기 위해, 어른처럼 사냥하고 식량을 구해야 했어요. 농경이 시작된 후에는 농사짓는 방법도 배워야 했지요. 어른들은 용케 살아남은 어린이들에게 **어른과 함께할 준비가 되었다는** 의미로 성인식을 열어주었어요. 이제 어린이가 아니라 어른이 됐다고 인정한 거예요.

선사시대 - 아들에게 사냥법을 알려주는 아버지

통과의례

선사시대 어린이는 자기가 얼마나 용감한지를 어른들에게 보여줘야 했어요. 자연의 위협을 견디고, 동물을 사냥하면서 혼자 살아남을 수 있다는 것을 증명해야 했지요. 이 시험에 통과해야만, 어른으로 인정해 무리의 일원으로 받아들여졌기 때문이에요.

마오리족은 왜 문신을 새겼을까요?

뉴질랜드의 마오리족은 어른 시험을 통과한 어린이들에게 문신을 새겨줬어요. 어른이 되었다는 것을 표시해 준 거예요. 어른처럼 사냥과 낚시를 할 능력을 갖추었다고 인정한 거지요.
마오리족의 문신이 이런 의미였다니!
상상도 못 했지요?

문명 발생기의 어린이

부모 따라 배우기

고대 역사를 보면, 가난한 계층의 어린이는 아주 일찍부터 일을 해야 했어요. 가족과 함께 사는 6~7세 어린이도 반드시 의무적으로 해야 하는 일이 있었어요. 나이가 들수록, 어린이는 해야 할 일이 점점 더 많아졌지요. 소년들은 밭에서 일하고 소녀들은 집안일을 했어요.

그런데 귀족과 사제, 전사들처럼 계급이 높은 사람들은 아들에게 아버지의 일을 이어받게 했어요. 계급사회의 질서를 유지하는 방법이었지요.

고대에는 아직 학교가 없었어요. 하지만 그리스와 로마에서는 **어린 어른들에게** 예술과 운동, 과학, 철학 등을 교육했어요. 물론 상류계급 어린이들에게만 베풀어진 특권이에요. 그들은 미래에 시민이 될 특별한 어린이들이었으니까요. 그러나 그들에게도 즐거움을 위한 놀이는 허락하지 않았어요.

아리스토텔레스가 알렉산더 대왕의 선생님이었다는 사실 알고 있니? 알렉산더는 고대 서양 역사에서 가장 큰 제국을 건설한 위대한 왕이야. 왕자였던 시절 그는 그리스의 유명한 철학자이자 현자인 아리스토텔레스에게서 교육을 받았어.

고대 그리스 사회는 특권층 어린이만 교육했다.

스파르타의 어린 병사들

그리스의 도시 스파르타에서는 남자 아기가 태어나면 곧바로 장로 회의를 열었어요. 장로들로 구성된 위원회가 아기의 신체 능력을 평가했지요. 이 테스트를 통과한 아기는 경작할 땅을 받게 되고 스파르타의 구성원으로 받아들여졌어요. 그러나 선천적 장애가 있거나 허약하게 태어난 아기는 곧장 죽임을 당했지요.

테스트에 통과한 아기들은 그 후 어떻게 됐을까요? 그들은 7세가 되자마자 부모 곁을 떠나야 했어요. 흡숙소에서 병사가 되기 위한 훈련을 시작하기 위해서요.

고작 7세 어린이가 고된 군사 훈련을 받는 모습! 상상할 수 있나요?

기원전 5세기경 - 스파르타의 어린 병사들

아메리카의 어린이들

아메리카 일부 지역에서는 어린이를 어른과 다른 존재로 여기면서 보호해 줬어요. 오늘날에도 그 흔적이 남아있어요. 마푸체족이나 아이마라족, 과라니족 같은 원주민들이지요.

그들은 놀이를 매우 중요하게 생각했어요. 어린이는 놀이를 통해 사냥과 낚시, 그림 그리기, 무기와 도구 제작 등 생활에 필요한 기술들을 배웠지요. 놀이를 통해 기술을 익힌 어린이는 어른들에게 존중받았어요.

지금도 마푸체족 어린이들은 놀이를 시작하기 전에 대지의 여신에게 감사기도를 올려요. 그 기도를 예이푼이라고 해요. 그들은 오늘날까지도 그들의 문화유산을 꾸준히 이어가고 있지요.

마푸체족 어린이들이 즐기는 **팔린**
하키와 비슷한 게임으로, 종교의식이나 전쟁을 준비할 때 하던 놀이

일과 학교 사이

노동하는 어린이

중세와 르네상스 시대 사람들은 어린이의 놀이를 죄라고 여겼어요. 놀이를 한 어린이는 체벌까지 받았지요.

집집마다 어린이들을 농사일과 집안일로 내몰았어요. 가족이 먹고사는 문제도 있었지만, 귀족과 왕실에 세금을 바치고 교회에도 헌금을 해야 했기 때문이에요. 어린이의 하루는 고달프기 짝이 없었지요.

어린이라는 개념은 산업이 발달하고 과학기술이 진보하기 시작한 17~18세기에 이르러서야 등장했어요. 어린이가 어른과 다른 존재라는 것을 의식하기까지, 인류는 무려 1천7백여 년의 세월이 필요했던 거예요!

11~13세기 - 중세 시대 어린이들은 부모와 함께 농사를 지었다.

끝없이 일해야 하는 어린 노동자들

그러나 19세기까지도 어린이들은 여전히 노동자였어요. 수많은 어린이와 청소년들이 공장이나 광산에서 힘겹게 일했지요. 현재는요? 지금은 어린이들이 노동에서 해방됐을까요?
아니에요! 아직도 세계 곳곳에서 어린이에게 노동을 시키는 지역이 남아있어요. 안타깝지만 사실이에요. 어린이에게 노동을 금지하는 법이 엄연히 있는데도요!

학교가 생겼어요!

17~18세기경 드디어 학교가 생겼어요. 처음에는 상류층 남자 어린이를 위한 곳이었지만, 시간이 지나면서 모든 계층과 여자 어린이까지 입학이 허용되었지요. 국가와 종교 단체들이 교육의 기회를 확대했기 때문이에요. 이제 어린이들이 노동 대신 교육을 받으면서 성장할 수 있게 됐어요!

19세기 - 최초의 학교 설립

큰 소리로 외쳐요!
"어린이는 노동자가 아니에요!"

가난한 집은 어린이도 일해야 해요. 학교에 가는 대신 돈을 벌기 위해 공장으로 가야 하는 거지요.
"도저히 학교에 갈 형편이 안 돼서요……."
이것은 **역사적 모순**이에요. 어린이를 위한 학교가 있고, 어린이에게 노동을 금지하는 법도 있는데, 공장에 가서 노동을 하다니!

1870년 - 스위스 도시 울스터의 구인 광고

역사학자가 되어볼까요!

역사학자들은 과거의 역사적 자료나 유물을 가지고 연구를 해요. 그들의 연구 결과는 우리가 역사를 깊이 이해하는 데 도움을 주지요. 당시 생활을 알 수 있는 위의 구인 광고도 역사 연구의 중요한 자료예요. 광고를 보고 무슨 생각이 떠오르나요? 아이가 있는 가족을 모집한다는 것은 당시에도 어린이 노동이 계속됐다는 의미를 담고 있어요.

현재의 어린이

1989년 유엔은 어린이의 노동을 금지하면서, 어린이의 **침해할 수 없는** 기본 권리를 지켜야 한다고 선포했어요. 어린이의 기본 권리가 무엇인지를 밝히면서, 어린 시절은 어린이로서 특별한 권리가 있는 시기라고 못 박은 거예요.

1989년 - 유엔에서 아동의 권리에 관한 협약 채택

1989년 '어린이'의 해

1989년 유엔 총회에서 〈아동의 권리에 관한 협약〉이 채택되었어요. 여러 나라들이 동참했지요. 아동권리협약은 역사적 사건이에요.

역사는 다양한 과정을 통해 만들어지는데, 이 과정에는 반드시 중요한 역사적 사건이 등장해요. 아동권리협약은 엄청난 변화를 불러왔어요. 아동권리협약 덕분에 세계 각국 어린이들이 국적과 문화에 상관없이 어린이로 인정받고 보호받을 수 있게 됐으니까요.

유엔에서 아동권리협약이 공표되기 무려 66년 전인 1923년, 대한민국에서는 방정환 선생을 비롯한 일본 유학생들이 색동회를 발족하고 같은 달 국내 최초의 아동 잡지 〈어린이〉를 창간하면서, 5월 1일을 어린이날로 선포했어요. 그전에는 어린이를 애기, 애새끼같은 호칭으로 부르면서 무시했지요. 1946년부터는 매년 5월 5일을 어린이날로 기념하면서 어린이의 권리를 수호하고 있어요.

아동의 권리

나도 의견이 있어요!
어린이는 어린이와 관련된 문제에 대해 자유롭게 의견을 표현할 수 있다. 어른은 반드시 어린이의 의견을 경청하고 반영해야 한다.

생존과 발전
국가는 어린이의 신체적, 정신적, 감정적 삶을 보장하기 위해 법률적·행정적 조치를 해야 한다.

아동에게 최선을!
어린이와 관련된 기관이나 단체는 항상 어린이의 복지를 우선으로 생각해야 한다. 이것은 어길 수 없는 규칙이다!

차별에 반대해요!
외모나 문화 등의 이유로 차별해서는 안 된다. 어린이들은 누구나 동등한 권리가 있다!

하지만 누구나 놀 수 있는 건 아니에요

지금은 정말 노동하는 어린이가 하나도 없을까요? 아동권리협약이 선포된 후에는 정말 이 세상 모든 어린이가 마음껏 놀고, 공부하고, 보살핌을 받고 있을까요?

유니세프와 국제노동기구가 2021년에 발표한 〈아동노동 2020년 : 전 세계 추산, 동향 및 향후 방향〉에 따르면, 아직도 수많은 어린이들이 노동을 하고 있대요. 세계에서 약 1억 6천만 명의 어린이들이 노동자로 일하고 있대요. 게다가 이 어린이들 중 약 7천9백만 명은 노예제도, 인신매매, 강제노동, 전쟁, 무력 분쟁 같은 위험한 상황에 놓여 있대요.

역사에서 어린이가 중요한 이유

어린이의 지위는 시대에 따라 다르고, 같은 시대라도 조건에 따라 달랐어요. 남자와 여자, 빈부 차이에 따라서도 달랐지요. 아메리카나 아시아, 유럽, 아프리카 등등 태어난 곳에 따라서도 달랐어요. 어느 문화권에서 태어났느냐가 중요한 시대도 있었고요. 그러나 지금은 모든 어린이가 동등하고 평등한 위치에 서 있어요. 만약 어린이들이 태어나지 않았다면, 어린이들이 자라서 어른이 되지 않았다면 인류 역사가 지금처럼 이어졌을까요? 과거가 없으면 현재가 있을 수 없지요. 현재가 있어야 미래도 있어요. 어린이가 얼마나 소중한 존재인지를 인식해야 해요. 어린이는 늘 역사 속에 등장했어요! 그런데 21세기인 오늘날에도 약 1억 6천만 명의 어린이들이 권리를 찾지 못하고 있어요. 안타까운 일이지요.

기원전 22세기 - 불을 관리하는 소년

기원전 22세기 - 사모아의 어린이 낚시꾼

기원전 5세기 - 아테네 학교

13세기 - 요리하는 엄마와 딸
요리는 여성만 담당했다.

18세기 - 도시에서는 성별을 구분하는 머리 모양과 옷차림을 했다.

19세기 - 노동하는 어린이

역사책에는 등장하지 않았지만, 어린이들은 역사에 등장했어요!

역사에 대해 생각해봐요

무슨 생각이 떠오르나요?

> 지금도 약 1억 6천만 명의 어린이들이 선사시대처럼 노동을 하고 있다고!

> 광산에서 일하는 어린이들은 얼마나 무서울까?

> 그리스와 로마의 학교에서도 지금 우리가 배우는 걸 가르쳤을까?

> 아마존 열대우림에 사는 어린이들은 뭘 하면서 놀까?

> 우리는 몇 살까지 어린이야?

과거 어린이들은 태어난 시간과 장소에 따라 서로 다른 현실을 살았어요. 역사학자들은 그들이 **역사적 맥락**에 따라 살았다고 말해요. 당시 속했던 사회적 배경과 문화에 따라, 역사적 환경과 조건에 따라 각각 다른 삶을 살았다는 이야기예요.

우리는 21세기 세계화 시대에 태어났어요. 과거 어린이들에 비하면 정말 행운이지요. 이 시대는 어린이의 권리를 보장해 주니까요. 그러나 우리가 도전해야 할 과제가 남아있어요. 학교가 아니라 공장으로 내몰리는 친구들의 문제를 해결해야 해요. 이것을 어떻게 바로잡아야 할까요?

어린이의 역사 ♥ 15

Chapter 2
여성의 역사

왜 아무도 기억하지 못할까요?

캐서린 존슨이란 이름을 들어봤나요? 아마 못 들어봤을 거예요.
캐서린은 1950년대 미항공우주국에서 우주 비행에 필요한 궤도 계산을 한 천재 수학자예요. 인간 컴퓨터인 캐서린 덕분에 미국이 소련을 앞질러 달을 밟았지요. 그런데 그녀의 이름은 아무도 기억하지 못해요. 왜 그럴까요? 캐서린이 남성이 아닌 여성이고, 백인이 아닌 아프리카계 미국인이었기 때문이에요. 그녀의 삶에는 역사 속 수많은 여성과 흑인들이 겪은 불평등과 차별, 불공정이 녹아있어요.

정확하게 계산해야 해. 그래야 인류가 한 걸음 더 나아갈 수 있어.

여성은 왜 늘 조연이었을까요?

여성은 세계 인구의 50%를 차지하지만, 역사책에는 거의 나오지 않아요. 왜 그럴까요? 여성이 남성보다 능력이 부족했기 때문일까요?
지난 역사는 오랫동안 남성이 주인공이었어요. 여성은 위대한 남성의 어머니 또는 형제 같은 조연으로 등장했지요.

그러나 여성도 남성과 마찬가지로, 역사에서 자신의 역할을 다해 왔어요. 다만 역사는 기록하지 않았을 뿐이에요. 왜 이렇게 차별했을까요? 의문이 들지요?

그런데 이것은 여성이 받아 온 차별 중에서 아주 작은 부분에 불과해요. 아직도 **여성을 법적으로 중요하지 않은 자**로 분류하고, 기본권조차 인정하지 않는 나라들이 있거든요. 그들은 여성을 독립적인 인간이 아니라 아버지, 남편 심지어 남자 형제에게 속한 미성숙한 존재라고 믿고 있어요.

오랜 세월 차별받아 왔지만, 여성들은 희망의 불꽃을 꺼뜨리지 않았어요. 여성들은 차별과 불평등에 대항하면서, 조금씩 남성 중심의 사회를 바꾸어왔지요. 여성들의 투쟁은 필연적인 **역사적 과정**이에요.
여성들의 투쟁은 언제, 어떻게 시작되었을까요?

여성의 역할 변화

인류 역사에서 가장 길게 이어진 시기가 구석기 시대인데, 이때 인류는 오로지 먹을 것을 찾아 끝없이 이동해야 했어요. 그들의 유일한 목표는 오로지 생존이었지요.

남성과 여성은 신체적 차이가 있었지만, 무리의 생존을 위해 각각 중요한 임무를 수행했어요. 남성과 여성이 평등했던 시기예요.

신석기 시대부터 농경과 목축이 시작됐어요. 인류는 비로소 땅에 정착해 안정적으로 생활을 이어갈 수 있었지요. 그러자 여성의 역할이 매우 중요해졌어요. 아기를 많이 낳을수록 노동력을 증가시킬 수 있었기 때문이에요. 출산은 여성 고유의 능력이므로, 여성은 존중받았어요.

이 시기 세계 곳곳에서 만든 **비너스상**들을 살펴보면, 당시 여성의 위치가 어땠는지 쉽게 짐작할 수 있어요. 비너스상은 다산을 기원하는 한편 여성을 숭배하는 마음을 담은 원시 조각상이에요.

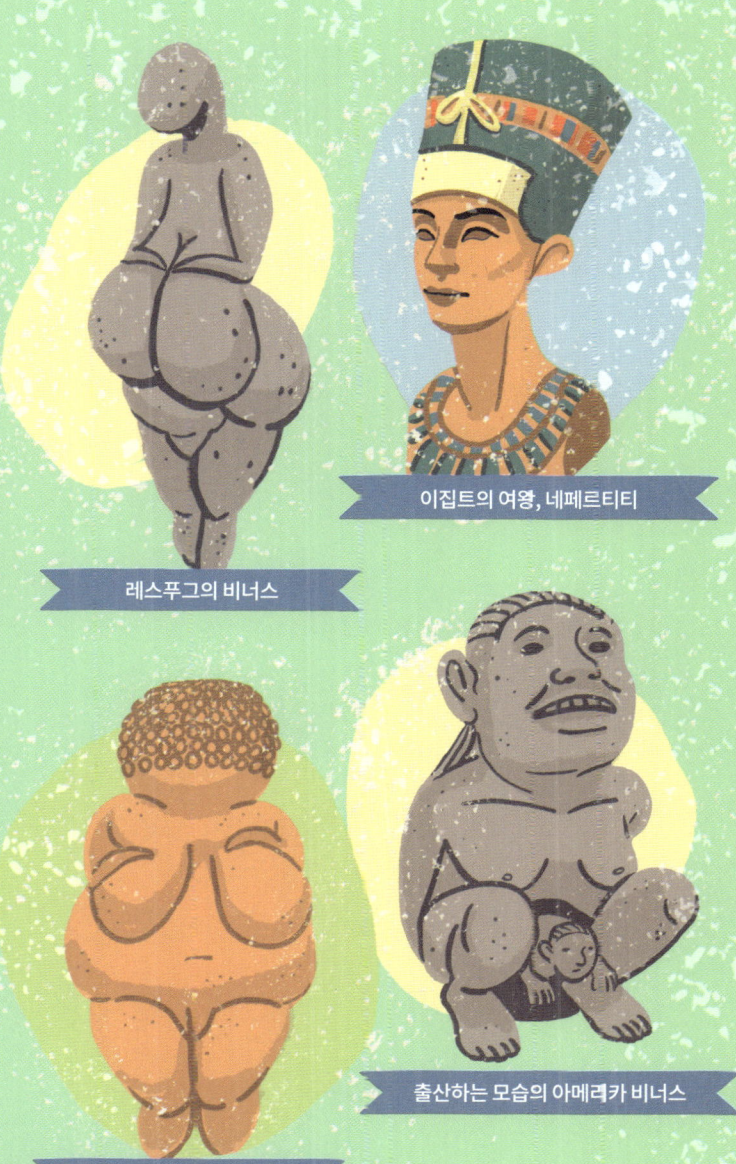

이집트의 여왕, 네페르티티

레스푸그의 비너스

빌렌도르프의 비너스

출산하는 모습의 아메리카 비너스

여성은 언제부터 집안에 갇혔나요?

정착민이 늘어나자, 마을이 형성됐어요. 점차 마을의 숫자도 늘어났어요. 그러자 식량을 두고 다투는 일이 빈번해졌지요. 그때부터 남녀의 역할이 확실하게 분리됐어요. 여성은 집안에서 아이를 돌보고, 남성은 집 밖에서 전투와 사냥을 했지요. 이때부터 남성은 목숨을 지키는 **중요한** 일을 하는 사람으로, 여성은 그런 남성을 **보조하는** 사람으로 여겨졌어요.

당시 남성의 역할은 현재를 지키는 것이었고, 여성의 역할은 미래를 준비하는 것이었는데 그 시대 사람들은 미래도 현재만큼 중요하다는 사실을 생각할 겨를이 없었어요. 당장 식량을 확보하고 목숨을 지키는 일이 훨씬 더 급했으니까요.

집안에 갇힌 여성은 시간이 흐를수록 점점 더 남성에게 종속됐어요.

민주적이었다고요?
공정했다고요?

그리스와 로마 신화에는 강력한 힘을 지닌 아름다운 여신들이 많이 등장해요. 그러나 그리스와 로마의 역사책은 알렉산더 대왕이나 율리우스 카이사르 같은 남성들의 업적만 기록했어요. 위대한 여성 영웅은 어디에서도 찾아볼 수 없지요.

그리스 아테네의 여성들은 남성과 달리 시민으로 인정받지 못했어요. 시민권이 없는데, 그리스 민주주의의 자랑인 투표에 참여할 수 있었겠어요?
로마 여성들은 조금 달랐을까요? 그들 역시 남성과 동등한 권리를 갖지 못했어요. 평생 남성의 그늘에서 숨죽이며 살아야 했어요.

기원전 5세기, 히포크라테스 - 인생은 짧고 예술은 길다!

중세 시대 여성들

중세 시대에도 훌륭한 업적을 이룬 여성들이 많이 있었어요. 하지만 그들을 발견한 곳은 역사책이 아니에요.
살레르노의 트로툴라를 알고 있나요?
살레르노에 살고 있던 트로툴라는 12세기에 활동한 여성 의사예요. 트로툴라는 여성 의학에 관한 훌륭한 논문을 썼어요. 하지만 저자가 트로툴라인 것은 아무도 몰랐어요. 당시는 물론, 인쇄기가 발명되어 이 논문이 전 세계에 널리 알려지게 된 16세기경에도요. 그 논문은 남성 의사가 쓴 것으로 잘못 알려졌어요. 트로툴라의 경우만 그랬을까요?

문화가 꽃을 피운 르네상스 시대에도 여성의 위치는 변함이 없었어요. 과연 그때 여성 예술가가 한 명도 없었던 것일까요? 여성 예술가가 자기 이름 대신 남성의 이름을 빌려서 활동했을까요? 여성은 결코 예술가로 인정받지 못했어요. 여성의 재능과 노력은 철저히 외면당했어요.

가장 안타까운 일은 여성들이 그림이나 조각상의 대상으로만 남았다는 거예요. 르네상스 남성 예술가들이 여성을 철저히 대상화했기 때문이지요. 어려운 말로 하면, 여성을 주체(인간)가 아닌 객체(사물)로 여겼다는 말이에요. 마치 화병의 꽃처럼 여성의 아름다움을 칭송했지만, 그것은 오로지 남성의 즐거움을 위한 거였어요. 이때부터 뿌리를 내린 여성의 대상화는 두고두고 양성평등 운동의 걸림돌이 됐어요.

15~16세기 - 르네상스 시대에도 여성은 아름다움의 대상일 뿐이었다.

플로라 트리스탄

19세기 - 역사상 최초의 페미니스트

일하는 여성들이 해방의 문을 열다

많은 여성들이 산업 현장에서 노동을 시작하면서, 드디어 해방의 문이 열리기 시작했어요. 19세기 초 유명한 페미니스트인 플로라·트리스탄은 이렇게 선언했어요.

"노동자보다 더 희생하는 사람은 오직 한 명, 노동자의 아내뿐이다!"

3월 8일은 세계여성의날

매년 3월 8일이 세계여성의날이라는 것을 알고 있나요?
1977년 유엔이 세계여성의날을 선포했어요. 그 후 여성들에게 3월 8일은 아주 중요한 날이 됐어요.
1857년 뉴욕의 섬유 공장에서 열악한 노동환경 때문에 여성들이 한시적으로 파업을 시작했어요. 그러자 즉시 경찰이 출동해 폭력으로 시위를 진압했어요.
1911년 3월, 뉴욕의 셔츠웨이스트 공장에서 대규모 화재가 발생해, 노동자 146명이 사망했어요. 그중에서 여성 노동자가 무려 123명인데, 이들 대부분은 가난한 이민자로 어린 여성들이었어요. 여성 노동자들이 특히 많이 죽은 이유는 계단과 복도로 통하는 출구가 막혀 있어서 대피하지 못했기 때문이에요. 공장 측은 여성 노동자들의 휴식을 막고 도난을 방지하기 위해서 출구를 잠가두었대요. 여성들은 여성 노동자에 대한 비인간적인 처우에 분노했어요. 대규모 시위가 일어났지요. 2년 뒤인 1913년, 뉴욕주는 노동자의 복지와 안전을 보장하는 법을 통과시켰어요. 이후에도 여성들은 공정과 평등을 위해 많은 희생을 치렀어요. 오늘날 여성의 지위는 헌신적인 희생을 통해 얻은 결과예요.

1911년 - 트라이앵글 셔츠웨이스트 공장 화재

123명의 여성 노동자들이 죽었습니다

남아메리카의 여성들

남아메리카 독립의 역사에서도 여성은 남성의 보조 역할로 기록됐어요. 그러나 실제로는 모든 계층의 여성들이 주도적으로 투쟁에 참여했지요. 백인뿐만 아니라 원주민, 흑인, 혼혈인을 포함한 여성들 모두 적극적으로 독립운동에 뛰어들었어요.

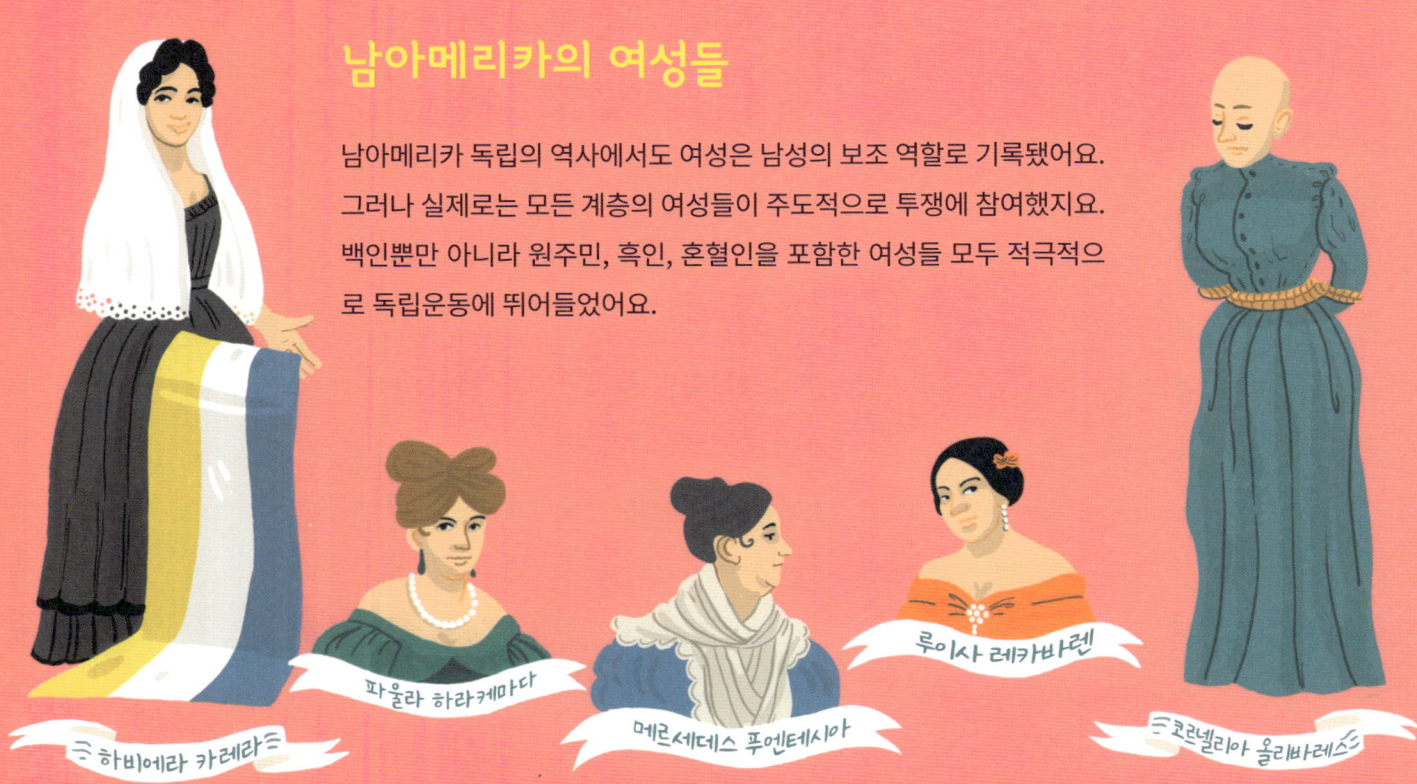

하비에라 카레라 / 파울라 하라케마다 / 메르세데스 푸엔테시야 / 루이사 레카바렌 / 코르넬리아 올리바레스

남성의 편견을 역이용하다

여성도 남성처럼 각 분야에서 활약했어요. 독립 정신을 전파하는 모임을 조직하고, 직접 활동가가 되기도 하고, 정보원이 되어 투쟁하기도 했어요.

그중에서도 특히 비밀 우편시스템을 운영했던 일화가 유명해요. 당시 남성들은 전국적인 우편시스템은 오직 남성만이 운영할 능력이 있다고 생각했대요. 여성은 감히 도전할 수 없는 자신들만의 영역이라는 믿음이 컸지요. 그러나 여성들은 이런 편견을 역이용해, 독립을 위한 비밀 우편시스템을 멋지게 운영했어요. 이것은 독립운동에 결정적인 도움을 줬어요.

최초로 길을 연 여성들

칠레 혁명의 초창기, 여성은 정치에 참여할 수 없었어요. 19세기에도 여성은 장관은커녕 후보자도 낼 수 없었지요. 투표권조차 없었으니까요!

엘로이사 디아스가 칠레 역사에 새로운 이정표를 세웠어요. 1877년 여성에게도 대학 입학이 허용되자, 엘로이사는 친구와 함께 곧바로 대학에 진학했어요. 몇 년 후 엘로이사는 칠레 최초의 여성 의사가 되었지요. 그녀는 학교의료서비스의 책임자가 되어 칠레 어린이들에게 아침 급식을 제공하고, 예방접종을 실시했어요. 그녀는 미래의 희망인 어린이들의 건강을 지키는 일에 헌신했어요. 엘로이사는 칠레 역사에 이름을 남긴 최초의 여성이 되었어요.

대한민국 최초의 여의사인 박에스더는 1900년 미국에서 의과대학을 졸업하고 고국으로 돌아왔어요. 여성전용 병원에서 의사로 일하면서 의료혜택을 받지 못하는 가난한 여성들을 진료했어요. 또한 대한민국 의료 발전과 여성 의료 교육을 위하여 간호학교 설립을 주도했어요.

엘로이사 디아스 / 어린이 무료 급식

남성이 독점하던 공간으로 들어가다

산업혁명과 세계대전을 겪으면서, 여성들은 자신들의 힘과 능력을 깨달았어요. 그들은 더 이상 차별당하지 않기 위해 용감하게 나섰어요. 여성들이 남성들과 평등한 권리를 주장하면서, 적극적으로 활동 영역을 넓혀간 거예요. 여성들이 남성의 독점 공간으로 들어가기 시작한 거지요. 남성의 독점 공간은 정치와 지식, 예술, 일자리, 스포츠 등등 거의 모든 분야였어요! 여성은 남성과 능력을 겨루면서 자신의 위치를 되찾기 시작했어요.

양성평등 운동에서 가장 중요한 핵심은 투표권, 즉 **선거권**을 위한 싸움이었어요. 이것이 여성참정권 운동이에요. 19세기 말부터, 전 세계 여성들은 투표권 전쟁이라는 어마어마한 태풍을 일으켰어요.

그런데 20세기까지도 여성에게 투표권을 주지 않은 나라가 있었어요. 믿거지나요? 마지막까지 항복하지 않은 나라는 사우디아라비아였어요. 사우디아라비아는 21세기에 들어서야, 무려 2015년에야 여성에게 투표권을 주었어요. 끝까지 여성의 투표권을 인정하지 않으려고 버텼던 거지요.

대한민국은 1919년 임시정부가 수립되면서 여성참정권을 보장했어요. 일본은 1945년 여성참정권을 보장했고요.

여성참정권 운동의 순교자

여성참정권을 얻기 위한 투쟁 중에 끔찍한 사건이 발생했어요. 1913년 영국의 에밀리 데이비슨은 대중의 관심과 호응을 얻으려고, 경주 중인 국왕의 말 앞으로 몸을 던졌어요. 그녀는 여성참정권을 상징하는 리본을 달고, 질주하는 말 앞으로 뛰어들었던 거예요. 몇 시간 후 에밀리는 숨을 거두었어요. 이 비극적인 죽음은 그녀를 여성참정권 운동의 순교자로 만들었지요.

완전한 평등 사회를 위하여

20세기 중반 이후, 여성들은 법률적인 평등을 위해 싸웠어요. 개인은 물론 직장인으로서, 커플로서, 시민으로서 법적인 권리를 평등하게 인정해달라는 운동이지요. 여성들은 평등한 교육을 받을 권리와 출산을 스스로 선택할 수 있는 권리를 확보했어요.
21세기 현재, 여성들은 법률적인 평등을 넘어 더 실질적이고 완전한 평등을 위해 싸우고 있어요.

21세기의 여성들

여성도 남성과 같은 일을 할 수 있어요. 오늘날은 모든 분야에서 여성도 남성과 동등하게 활약하고 있지요. 남성의 일이라고 여겼던 직업이나 스포츠에서도 여성을 볼 수 있어요.
21세기는 남성과 여성이 평등한 세상이에요. 21세기는 양성평등의 역사로 기록될 거예요.

그레타 툰베리
2003~
스웨덴 출신 환경운동가 · 2019년 노벨평화상 후보로 선정

말랄라 유사프자이
1997~
파키스탄 출신 여성활동가
2014년 노벨평화상 수상

크리스티아네 엔들레르
1991~
칠레 여성축구선수
2021년 국제축구연맹 올해의 골기퍼 선정

마리아 테레사 루이스
1946~
칠레 천문학자 · 여성 최초로 칠레국가정밀과학상 수상

왕가리 무타 마타이
1940~2011
케냐 환경운동가이자 정치인
아프리카 여성 최초 2004년 노벨평화상 수상

저신다 아던
1980~
뉴질랜드 정치인 · 2017년부터 2020년까지 총리 역임

미첼 바첼레트
1951~
라틴아메리카 최초 여성 국방장관이자 재선 대통령
2018년부터 2022년까지 유엔인권고등판무관 역임

아직도 불완전한 양성평등

사우디아라비아에서는 2018년이 되어서야 비로소 여성에게도 운전면허를 발급해 주었어요. 니제르뿐 아니라 아프리카의 몇몇 나라들은 매년 수천 명의 소녀들을 18세 이전에 강제로 결혼시키고 있어요. 아프가니스탄 여성들은 지금도 학교에 다니는 것이 금지되어 있어요.

국가의 고유한 문화는 존중해야 하지만, 여성의 자유와 권리를 빼앗는 관습은 불평등해요. 이런 차별적인 문화는 어떻게 해결해야 할까요? 1948년 12월에 선포한 세계인권선언문을 보면, 그런 문화는 하루빨리 사라져야 할 악습이에요!

오늘날도 여성들은 악습을 타파하기 위해 끊임없이 노력하고 있어요. 용기와 대담함으로 파업과 시위도 불사하면서 헌신적으로 싸우고 있지요.

세계 여성의 날을 기념해야 하는 이유

세계 여성의 날을 기념하는 이유는 두 가지예요.
첫째, 그동안 여성들이 피똥 흘려 이룩한 양성평등을 기억하기 위해서예요.
둘째, 완전한 평등이 이루어지는 그날까지 쉬지 않고
투쟁하겠다는 마음을 다지기 위해서요.
어린이의 권리를 선포한 날이나 환경 보호를 선언한 날,
원주민의 권리를 인정한 날 등등 다른 기념일처럼요.

Chapter 3
인종차별
과거와 현재

식사를 하기 위해 음식점에 들어서는 순간 체포를 당한다면 어떤 기분이 들까요?
피부색이나 인종이 다르다고 같은 풀장에서 수영을 못 하게 한다면 어떤 마음이 들까요?
이런 일들은 옛날에 일어난 일이 아니에요. 지금부터 50년 전 미국 남부에서 일어난 일이에요.
남아프리카공화국(남아공)에서는 불과 30년 전에 일어난 일이고요. 최근 2020년 5월 미국 시민인
흑인 조지 플로이드는 백인 경찰의 과잉 진압 때문에 현장에서 사망했어요.
흑인들은 흑인의 삶도 소중해요Black Lives Matter라는 슬로건을 내걸고
인종차별에 항의했어요. 세계 곳곳에서도 항의 시위가 일어났지요.

인종차별주의는 무엇일까요?

인종차별주의는 인종, 종교, 피부색에 따라 상대방보다 우월하거나 열등하다고 믿는 생각이에요. 누가 봐도 이건 매우 잘못된 생각인데, 놀랍게도 인류는 아주 오래전부터 지금까지 인종차별주의와 함께 살고 있어요. 대체 왜 그럴까요? 인종차별의 역사를 살펴보면 혹시 답을 알 수 있지 않을까요?

부족이나 집단 또는 나라 사이에 갈등과 차별은 늘 있었어요. 그러나 대규모 인종차별 행위가 특정 집단이나 민족에게 가해진 것은 근대에 이르러서였어요. 유럽이 세계로 뻗어 나간 15~16세기 대항해 시대부터이지요.

더 우월하거나, 더 열등한 문화가 있을까요?

15~16세기 유럽인들은 신항로를 개척하고 신대륙을 발견했어요. 그들은 다른 문화를 가지고 있는 원주민들을 만나게 됐지요. 원주민은 유색인으로, 아직 미개해 보였어요. 유럽인들은 자신들의 문화와 문명이 훨씬 더 뛰어나다고 생각했어요.

유럽인들은 강력한 무기와 발전된 기술로 아프리카와 아메리카 대륙을 식민지로 만들었어요. 원주민의 땅을 빼앗고 그들을 노예처럼 지배했지요. 아시아 일부 지역도 유럽인들의 식민지가 됐어요.

1519년 - 아스텍제국의 모테쿠소마 쇼코요친 왕과 그의 부족, 에르난 코르테스와 스페인 군사들

다양성은 왜 소중한 가치일까요?

유럽인들은 왜 다른 문화를 열등한 것이라고 무시했을까요? 원주민보다 진화한 무기와 복장, 밝은 피부색 때문이었을 테지요. 그들은 문화적 다양성이 얼마나 가치 있는 것인지 몰랐어요. 오늘날 대부분의 사람들은 다양한 인종과 민족, 문화 사이에서 더 우월하거나 열등한 것은 없다는 달에 전적으로 동의하고 있어요! 다양성이야말로 우리에게 서로운 관점을 제공하는 열쇠이기 때문이지요.

종교 때문에 차별받는 사람들

과거에는 종교 때문에 차별받는 집단들도 있었어요. 로마 제국에서 핍박받던 기독교도들이나 수천 년 동안 따돌림을 당했던 유대인들이 있지요.

21세기에도 종교에 대한 차별은 세계 여러 지역에서 일어나고 있어요. 세계화로 이민자가 폭증하고, 전쟁이 발발하기도 해서 이 문제는 점점 더 악화되는 중이에요.

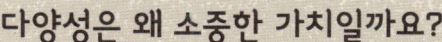

연종차별 ♥ 25

인종차별의 사례들

디아스포라

가장 오래된 인종차별은 유대인들이 겪은 거예요. 그들은 중동 여러 나라에서 **추방**당한 역사를 가지고 있어요. 고대 유대인들은 로마가 영토를 점령하자, 나라를 빼앗기고 떠돌이 생활을 시작했어요. 유대인이 추방당한 것을 **디아스포라**라고 해요. 유랑민이 된 그들은 전 세계로 퍼져나 갔는데, 대부분의 유대인들이 유럽에 정착했지요.

중세 시대 유럽에 살던 유대인들은 유대교를 믿었어요. 기독교를 믿는 유럽인들은 그들을 못마땅하게 여겼지요. 유대인은 경제활동에 능한 민족인데, 유럽인들은 유대인이 돈만 밝힌다며 비난했지요. 유럽에 좋지 않은 사건이 터질 때마다, 이게 다 유대인 때문이라고 몰아세웠어요. 14세기 흑사병이 유럽을 휩쓸자 사람들이 많이 죽었는데, 유럽인들은 흑사병이 유대인들 때문이라고 헛소문을 퍼뜨렸지요. 15세기에는 스페인과 포르투갈에서 유대인들을 추방했어요. 그러면서 유대인들이 아메리카 대륙으로 이주하는 것도 금지했어요. 그럼 어디로 가야 하나요?

유대인들은 하는 수 없이 자신들의 종교인 유대교를 버리고 기독교를 받아들여야 했어요. 그리고 나서야 겨우 그곳에 머물 수 있었지요. 그때 유대인들은 성까지 바꾸었어요. 성에 남은 유대인 조상의 흔적마저 말끔히 지워버려야 했던 거예요. 이후로도 몇 세기 동안 유대인들은 끝없이 차별받았지요. 하지만 진짜 엄청난 인종차별은 20세기에 일어났어요.

홀로코스트

1930년대 독일은 히틀러가 권력을 잡았어요. 그는 유대인을 말살하는 데에 온 힘을 기울였지요. 그때 만든 뉘른베르크법은 유대인을 궁지로 몰아넣었어요. 이 법률은 유대인의 독일 국적과 사업을 박탈하고, 독일인과 결혼하는 것을 금지했어요. 결국 히틀러는 2차 세계대전을 일으켰고, 유대인들을 죽음의 수용소로 보내 6백만 명 이상을 학살했지요. 역사는 이 학살을 **홀로코스트**라고 기록했어요.

1941~1945년
폴란드 아우슈비츠 강제 수용소의 유대인들

아메리카 대륙의 인종차별

16세기 스페인은 강력한 무기로 아메리카 대륙을 정복하고 원주민을 강압적으로 지배했어요.
하지만 바르톨로메 데 라스 카사스 신부는 원주민의 권리를 보호하려고 애썼어요. 그는 바야돌리드 회의에서 아메리카 원주민에 대한 논의를 공론화했어요. 그는 이렇게 물었어요.
"원주민도 스페인 사람과 동등하지 않은가?"
오늘날에는 정말 황당한 질문으로 들리지요.
답이 너무 뻔하니까요.

그러나 당시 유럽인들은 우리와 생각이 달랐어요. 원주민은 영혼이 있긴 하지만, 매우 열등한 존재라고 여겼거든요. 그래서 그들은 원주민들에게 짐승 같은 노동을 강요했어요. 그 결과, 수백만 명의 원주민들이 소중한 생명을 잃었지요.

바르톨로메 신부

1550년 - 원주민의 인권을 옹호한 바야돌리드 회의

17세기 - 아메리카 대륙 식민지의 모습

피부색에 따른 계급제도

아메리카 식민지 사회에서는 피부색에 따라 계급이 달랐어요. 피부가 밝을수록 사회적 계급이 높았어요. 당연히 스페인 혈통은 우월한 계급을 차지했겠지요. 원주민도 고유한 특성이 적을수록, 피부가 밝을수록 계급이 높았대요. 말도 안 되는 인종차별 아닌가요?
아메리카 대륙의 여러 나라가 스페인으로부터 독립한 뒤에도 피부색에 따른 인종차별은 사라지지 않았어요. 원주민의 문화가 형편없다는 생각도 변하지 않았어요. 여전히 유럽인들은 원주민이 **야만인**이고, 유럽 문화야말로 **문명화**된 것이라고 주장했어요.
피부색으로 인간의 계급과 가치를 결정하는 무지한 태도가 인종차별의 씨앗이 되었어요.

우리는 인종차별 없는 사회를 원해요!

피부색 때문에 차별을 한다고요?

남아공의 인종차별법, 아파르트헤이트

남아공은 아프리카의 다른 나라들처럼 오랫동안 유럽의 지배를 받았어요. 17세기에는 네덜란드가, 1814년부터는 영국이 남아공을 다스렸지요.
오랫동안 이 땅을 지배했던 백인들은 1961년 남아공이 독립한 후에도 영향력을 잃지 않았어요. 원주민이 스스로 투쟁해서 독립한 게 아니라, 남아공을 다스리던 백인들이 자신들의 이익을 위해 영국연방에 반기를 들고 독립을 선언했기 때문이에요.
1959년 남아공 백인들은 반투 자치촉진법으로 유색인들의 국적을 박탈하고, 통행법을 만들어 그들을 감시했으며, 이 법에 반대해 시위하던 사람들을 무차별로 진압했지요. 1960년에 일어난 샤프빌 학살로 약 3백여 명이 죽거나 다쳤어요. 이들 중 약 30명이 어린이였지요. 영국연방이 이런 정책을 비판하자, 식민지 백인들은 연방을 탈퇴하고, 1961년 5월 남아프리카공화국을 세웠던 거예요.

남아공 백인들은 악명 높은 인종차별법 아파르트헤이트를 강압적으로 시행했어요. 남아공은 흑인을 포함한 유색인이 85%이고 백인은 겨우 15%에 불과한 나라예요. 하지만 백인의 힘은 막강했지요. 유색인은 불공정하고 차별적인 법률로 고통받으면서, 시민으로 인정받지 못해 투표권조차 없었지요. 게다가 백인이 살지 않는 외곽지역에서 따로 생활해야 했어요.
유색인은 백인과 같은 해변이나 식당, 공중화장실을 출입할 수 없었고 마음대로 거주지를 옮길 수도 없었어요.

불의를 끝낼 수 있을까요?

유색인들이 상황을 바로잡으려고 나섰어요. 그들은 아프리카국민회의와 잉카타자유당 등을 결성해 저항했어요. 특히 아프리카민족회의를 이끄는 넬슨 만델라의 활동은 국제적으로 주목받았어요.
처음 젊은이들의 극단적인 시위가 터져 나왔을 때는 폭력적인 시위여서 국민의 호응을 얻지 못했어요. 그러나 만델라의 비폭력 시위는 날이 갈수록 사람들의 응원과 지지를 얻었지요. 유엔을 비롯한 국제기구들의 지원도 시작되었고요.

폭력 대신 불복종으로 저항하다

남아공 유색인들은 비폭력 시위를 끝까지 포기하지 않았어요. 그들은 아파르트헤이트를 쓰러뜨리기 위해, 폭력 대신 불복종으로 저항했어요. 이 과정에서 지도자인 넬슨 만델라가 감옥에 갇히고, 학생 영웅인 반투 스티브 비코가 고문으로 목숨을 잃었지요.

유엔은 이 상황을 바라보고만 있었나요?

그럴 리가요? 유엔은 1974년부터 아파르트헤이트의 폐지를 줄기차게 요구했어요. 그래도 남아공 정부는 꿈쩍도 하지 않았어요. 유엔은 경제부터 스포츠에 이르기까지, 전 분야에 걸쳐 강력한 제재를 가했지요.
아파르트헤이트가 세계적으로 비판을 받게 된 것도, 남아공 정부가 국제 사회에서 소외를 당하게 된 것도 유엔이 앞장서서 그들의 만행을 알렸기 때문이에요.
세계적 기업들이 남아공에서 철수해버리자 남아공 정부는 극심한 경제적 어려움에 빠졌지요. 유엔은 백인들이 가장 좋아하는 럭비월드챔피언십에서도 남아공을 제외시켰어요. 1964년부터 1991년까지, 올림픽도 참가를 금지했고요.

아파르트헤이트는 언제 폐지됐나요?

1990년대 초부터 인종차별 반대 시위는 점점 더 규모가 커졌어요. 1994년 결국 아파르트헤이트는 역사 속으로 사라졌어요.
남아공 국민이 넬슨 만델라를 첫번째 유색인 대통령으로 선택했기 때문이에요. 이것은 세계 역사에서 가장 중요한 사건 중 하나로 기록됐어요. 넬슨 만델라 대통령은 평화와 발전을 위해, 유색인과 백인의 화해를 선언했어요. 그동안 받았던 차별에 대해 복수하지 않겠다고 선포했지요.

넬슨 만델라는 무려 27년 동안 감옥에 갇혀있었다.

1994년 넬슨 만델라는 남아공 대통령으로 선출됐다.

북아메리카의 인종차별

불평등한 법

1865년 미국에서 노예제가 폐지됐어요. 하지만 인종차별은 좀처럼 사라지지 않았어요.

인종차별은 특히 미국 남부에서 오랫동안 기승을 부렸는데, 아프리카계 미국인에 대한 차별법이 살아있었기 때문이에요. 노예제가 폐지됐는데, 어떻게 이런 일이 가능했을까요?

미국은 50개의 주로 구성된 연방국가예요. 각각의 주는 그 지역에서만 시행할 수 있는 법률을 만들 수 있지요. 미국 남부의 주들은 바로 이 점을 악용해 인종차별법을 시행하고 있었던 거예요. 그래서 남부의 흑인들은 노예제도가 폐지됐는데도 오랫동안 시민권을 행사할 수 없었어요.

나쁜 생각이 나쁜 법을 만들어요

백인우월주의를 외치면서, 흑인들을 공격하는 단체도 있었어요. KKK단은 1865년에 결성된 악명 높은 단체예요. 흰색 두건을 쓴 KKK단은 커다란 나무 십자가를 불태우는 의식을 거행한 다음, 흑인들의 집을 찾아가 무차별 테러를 감행했어요.

그러나 인종차별법은 계속해서 만들어졌어요. 1876년에 생긴 **짐 크로 법**은 흑인이 백인과 같은 공간에 있을 수 없다는 출입금지법이에요. 그러자 학교와 병원, 심지어 버스 같은 대중교통 기관에도 따로 분리된 공간이 생겼어요. 얼마나 백인만 대접했느냐면, 공공장소인 공원에도 **백인전용**의 물 마시는 기구가 따로 준비돼 있을 정도였지요.

식당과 체육관, 수영장, 술집은 **흑인 출입금지**라는 팻말이 붙었지요. 야구팀과 축구팀은 흑인 선수를 절대로 받아들이지 않았어요.

1870년 - KKK 단원들은 온 몸을 흰색 천으로 감싸고 머리에는 하얀 고깔 두건을 썼다.

단순하지만 강력한 행동

인종차별에 대한 반감이 부글부글 끓어오르고 있었어요. 이것은 언제 폭발할지 모르는 폭탄이었지요. 드디어 폭탄 심지에 불을 붙이는 사건이 터졌어요. 주인공은 흑인 여성인 로사 파크스예요.

1955년 버스를 탄 로사 파크스는 흑인 지정 좌석에 앉아 있었어요. 버스 안이 붐비게 되자, 차장이 백인에게 자리를 양보하라고 요구했어요. 그러나 로사는 끝내 자리에서 일어나지 않았어요.

"난 일어날 생각이 없어요."

결국 버스 기사의 신고로 경찰이 출동했고, 그녀는 제포됐어요. 이 사건으로 그녀는 인종차별주의 저항 운동의 상징이 되었어요. 로사 파크스 사건이 알려지자, 앨라배마주 몽고메리 시민들은 **버스 타지 않기 운동**을 전개했어요.

1년 후, 앨라배마에서 피부색에 따라 공간을 분리하는 법이 폐지되었어요. 로사 파크스와 흑인들의 승리였어요.

흑인들은 마틴 루터 킹 주니어 목사와 맬컴 엑스 같은 활동가들과 함께 인종차별주의에 맞섰어요. 그들은 각각 서로 다른 전략으로 투쟁했어요. 킹 목사는 비폭력 평화투쟁으로,

맬컴 엑스
1925~1965년 – 미국의 흑인 인권운동가

마틴 루터 킹 주니어
1929~1968년 – 미국 목사이자 인권운동가로 1964년 노벨평화상 수상

1955년 – 부당한 인종차별법은 따르지 않겠다!

맬컴은 폭력 시위로 흑인의 인권을 위해 싸웠어요. 남부의 인종차별 철폐 운동은 북부 젊은이들과 정치가인 존 F. 케네디 형제의 지지를 받았어요. 그들 모두 인종차별적인 법률을 폐지하기 위해 애썼지요.

1964년 **민권법**이 제정되면서, 이제 흑인들은 법률적으로 미국 어디에서나 차별받지 않게 되었어요. 그런데 세상이 하루아침에 변할 리는 없잖아요?

법률만으로는 해결할 수 없어요

오늘날에도 미국은 인종차별 문제가 말끔히 해결되지 않았어요. 맥킨지 앤 컴퍼니의 2021년 보고서에 따르면, 백인은 흑인보다 평균 30%나 더 높은 수입을 올리고 있어요. 또 미국의 통계회사인 스태티스타는 2021년, 흑인의 약 20%가 빈곤층이지만 백인은 약 8%만이 빈곤층이라고 발표했어요. 어떤가요? 흑인의 실업률이 백인보다 훨씬 높은 게 당연해 보이나요?

인종차별은 언제까지 계속될까요?

지금까지 역사가 기록한 인종차별에 대해 살펴봤어요. 그런데 문제는 비인도적인 인종차별 문제가 언제 끝날지 모른다는 거예요.
아직도 세계 곳곳에서는 피부색 때문에 폭력적인 대접을 받는 사람들이 많아요. 거기에 전쟁까지 얽히게 되면 그들의 고통은 더 커지게 되지요.

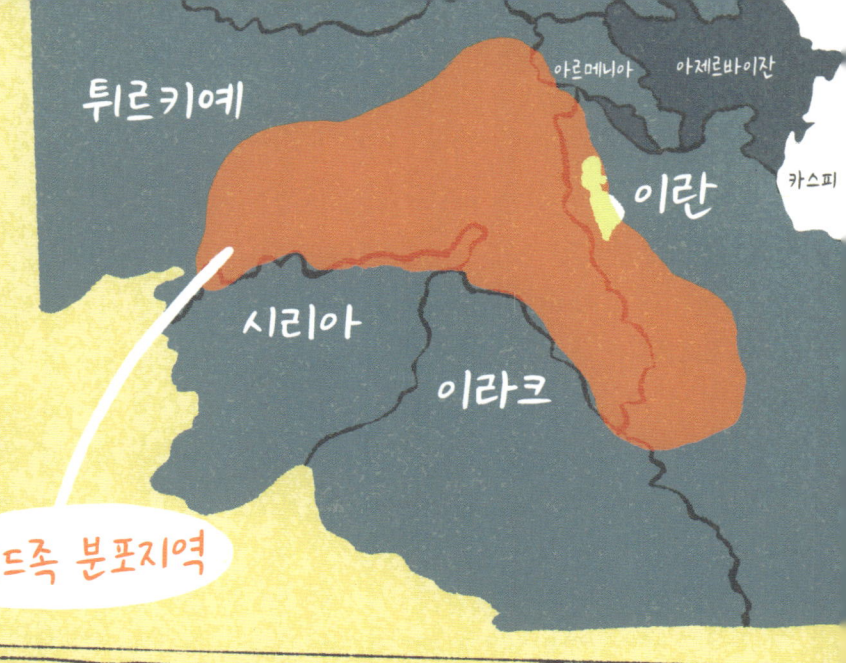

쿠르드족 분포지역

20세기 - 쿠르드족은 그들의 나라가 없다.

쿠르드족의 끝나지 않는 비극

쿠르드족의 고향은 메소포타미아 산지라고 알려져 있어요. 현재 약 3천만 명의 인구를 가지고 있을 만큼, 중동에서도 가장 큰 민족이지만 한 번도 나라를 세우지 못했어요.
그들은 이라크와 이란, 시리아, 튀르키예 등 여러 나라에 흩어져 살고 있는데, 고유한 신체적·문화적 특징을 고수하기 때문에 다른 민족들과 섞이기가 쉽지 않아요. 중동 사람들은 쿠르드족을 집시처럼 천시하지요. 슬픈 현실이에요.

중동 지역은 종교적 광신주의가 넘치는 곳이에요. 같은 이슬람교도들 사이에서도 갈등이 존재하는 곳이거든요. 시아파 이슬람교와 수니파 이슬람교 신자들은 무력 충돌까지 불사할 정도예요. 쿠르드족은 지금도 그 지역에서 고단한 삶을 이어가고 있어요. 나라가 없는 민족의 삶은 고달프기 그지없어요.

쿠르드족 여성이 겪는 이중 차별

쿠르드족 여성은 이중 차별을 겪고 있어요. 쿠르드족이라는 이유로 차별을 당하는 것은 물론 쿠르드족 남성에게서도 차별을 받고 있지요. 쿠르드족의 가부장적 문화 때문이에요. 쿠르드족 여성은 남편을 선택할 권리가 없고, 아버지의 명령에 따라 어린 나이에 강제로 결혼해야 해요.

대한민국 역사에는 인종차별이 없었을까요? 우리나라도 1910년부터 1945년 광복이 될 때까지, 일본의 식민지가 되어 인종차별을 받았어요. 조선총독부를 설치한 일본은 군통수권과 행정·사법·입법권까지 빼앗고 우리나라의 자원을 강제로 빼앗아갔어요.

일본은 문명, 한국은 야만이라고 세뇌시키면서, 일본식 이름으로 개명을 강요하는 등 민족정신까지 말살하려고 했지요. 여성들은 쿠르드족처럼 이중 차별로 고통받았는데, 특히 어린 소녀들을 위안부로 끌고 간 것은 극단적인 만행이었어요.

21세기 - 쿠르드 계열 소수민족인 야지디족이 사는 아나톨리아반도

나디아 무라드

야지디족 투쟁가의 탄생

나디아 무라드는 소수 민족인 야지디족의 젊은 여성이에요. 야지디족은 세계 여러 지역에 걸쳐 살고 있지만, 대부분 이라크에 거주하고 있어요. 나디아는 코초라는 마을에서 대가족과 함께 평화롭게 살고 있었어요.

그러나 2014년 나디아가 21세 되던 해, 그녀는 IS라는 이슬람 극단주의 테러리스트 단체에 붙잡혀 포로가 되었어요. IS는 이라크와 시리아 지역에서 극단적인 무장 투쟁을 벌였는데, 그들의 목표는 새로운 이슬람 국가를 건설하는 것이었어요.

나디아의 마을은 2014년 8월, IS에 의해 사라져 버렸어요. 남성들은 잔인하게 살해됐고, 여성들은 포로로 끌려갔어요. IS는 야지디족의 신앙과 관습을 조롱하면서 학대했어요.

그러나 나디아는 탈출에 성공했어요. 그녀는 야지디 공동체의 존립을 위해, 노예로 끌려간 여성들의 해방을 위해 활동가로 변신했어요. 2018년 나디아는 노벨평화상을 수상했어요.

우리는 어떻게 해야 할까요?

인종차별의 역사는 지금도 진행 중이에요. 그럼 우리는 어떻게 해야 할까요?

우선 다른 문화를 이해하고 포용하는 태도를 길러야 해요. 다양성을 포용하면, 완벽하게 평등한 사회도 더 이상 꿈이 아니에요. 파괴적이고 소모적인 전쟁도 멈출 수 있지요. 우리의 태도가 인종차별 없는 세상을 앞당길 수 있어요!

Chapter 4
이주

상상해 봐요. 어느 날 엄마가 이렇게 재촉하는 상황을!
"지금 당장 떠나야 해. 필요한 물건만 빨랑 챙겨!"
그럼 우리의 머릿속에서 질문들이 마구마구 샘솟을 거예요.
'왜? 어디로? 우리 집은? 친구들은?'

뉴스에서 하염없이 걸어가는 난민들을 본 적이 있나요?
거대한 쓰레기 산 같은 난민캠프 사진을 본 적이 있나요?
가방 하나 없이 맨몸으로 보트를 타고 온 사람들을 본 적이 있나요?
이 사람들은 어쩔 수 없는 이유로, 고향을 떠나 다른 나라로 이주하는 이주자들이에요.
오늘날 이렇게 이주하는 사람들이 약 1억 명 이상이래요.

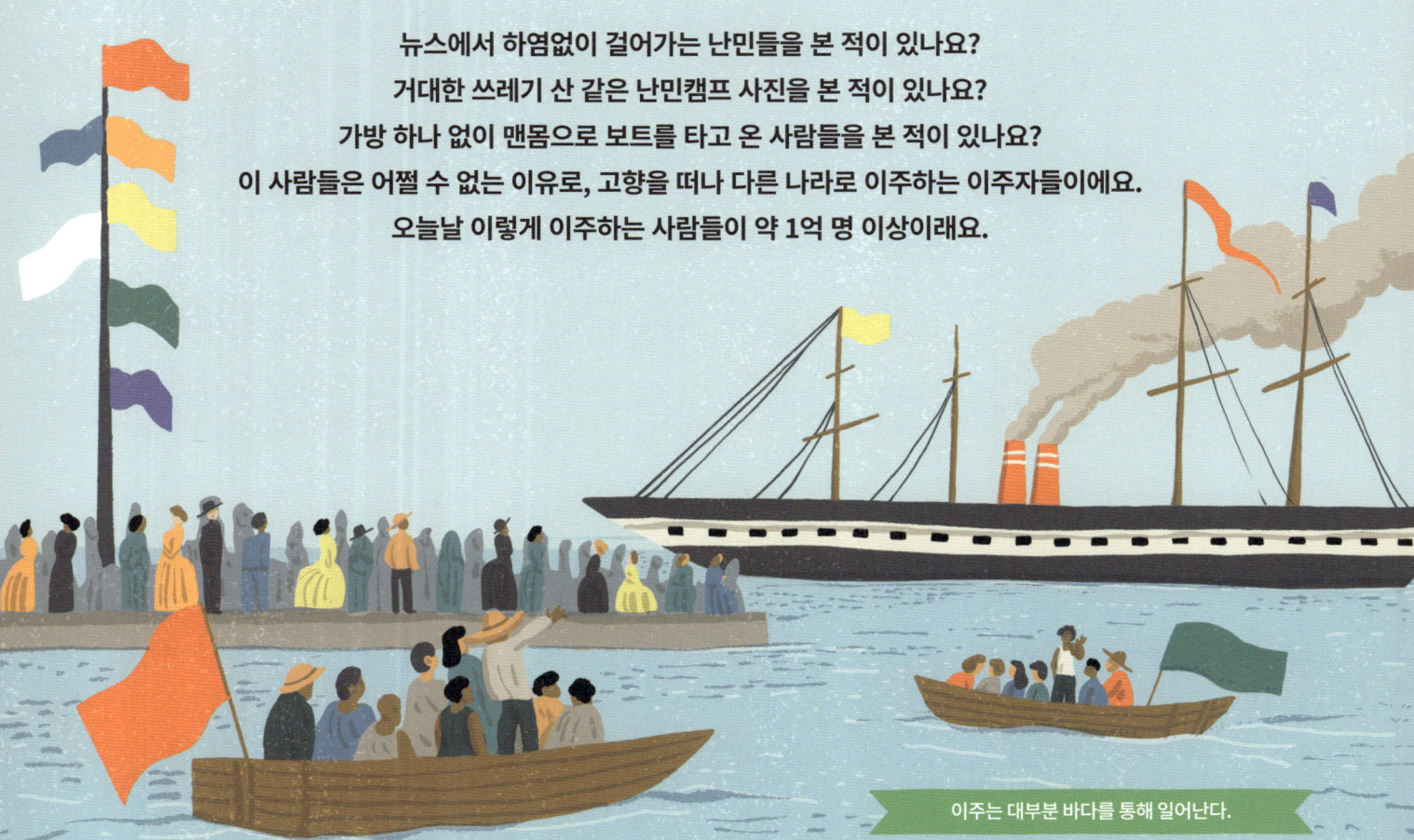

이주는 대부분 바다를 통해 일어난다.

이주의 기원

식당에서 일본인이나 중국인 요리사가 만든 음식을 먹어본 적이 있나요? 이탈리아인이 요리한 파스타를 먹어본 적이 있나요? 이건 모두 그들이 우리나라로 이주했기 때문에 가능한 일이에요.

우리 친척이나 조상 중에 외국인이 있을 수도 있어요. 외국인은 성만 살펴봐도 어디 출신인지 짐작할 수 있지요.
역사적으로 이주는 전쟁이나 종교, 가난 등의 이유로 발생했어요.

지구가 사람으로 가득 차게 된 이유

인류 역사에서 이주는 항상 진행돼 온 일이에요. 이주의 결과로 인류는 모든 대륙에 도달했어요. 그들은 점차 지구를 가득 채웠어요.

약 3백만 년 전부터 사람들은 식량과 더 좋은 기후를 찾아 이동하기 시작했어요. 지금도 세계 곳곳의 사람들이 조상들과 같은 목표로 이동 중이에요.

이주에 관한 연구를 살펴보면, 우리 조상은 현재 우리와 전혀 상관없는 지역에서 태어났다는 걸 알 수 있어요. 그곳은 바로 아프리카의 탄자니아예요!

탄자니아는 인류가, 우리의 원시 조상이 태어난 장소예요! 그곳에서 원시 조상인 오스트랄로피테쿠스의 작은 집단이 형성되었는데, 어느 시기 그들은 그곳을 떠나 세계 각지로 흩어지게 된 거래요. 그들은 세계 역사상 첫번째 이주자들로, 지금도 나의 유전자 속에 숨쉬고 있어요!

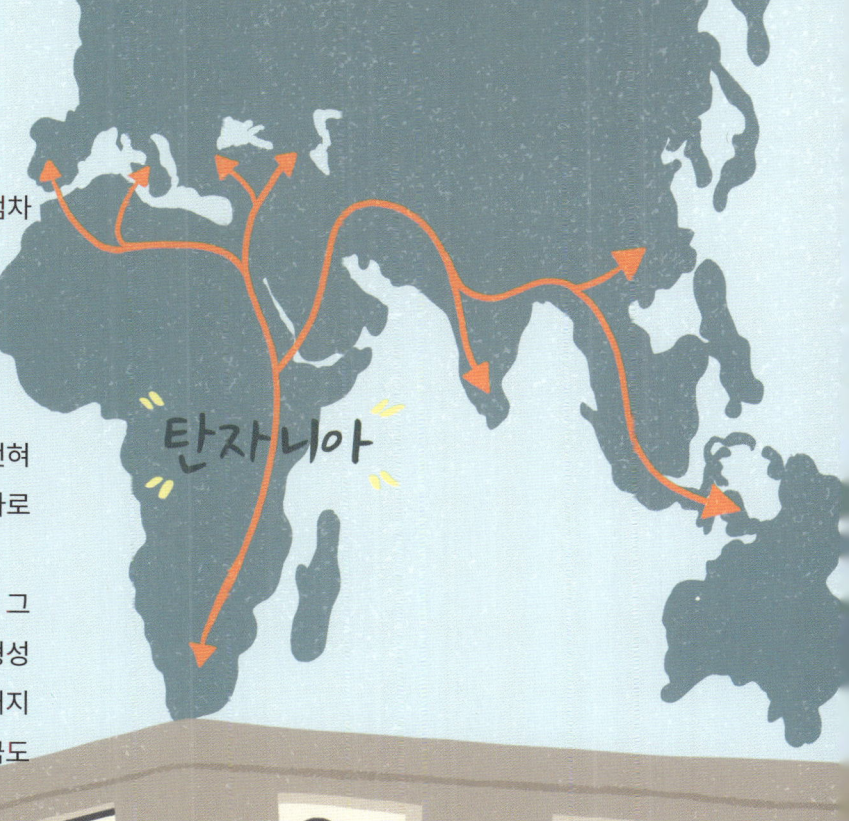

칠레의 뿌리

칠레의 상징인 마푸체족도 이주민이에요. 이들은 남아메리카의 다른 지역에서 이주해 왔지만, 곧 칠레의 원주민이 됐어요. 16세기에는 스페인 사람들이 도착했고, 19세기와 20세기에는 이탈리아와 독일, 크로아티아, 팔레스타인 사람들이 이주했어요. 유대인도 먼 길을 왔고요. 현재는 페루와 베네수엘라, 아이티, 콜롬비아 같은 남미 국가에서 온 사람들을 맞이하고 있어요. 그들 모두 칠레를 새로운 고향으로 선택한 거예요.

공존과 융합

다양한 문화가 함께 공존할 수 있다는 점, 문화적 융합이 가능하다는 점에서 이주는 긍정적이에요. 그러나 부정적인 면이 나타날 때도 있어요. 문화적 갈등이나 지속적인 차별 때문에 분쟁이 생기기도 하지요.

21세기 - 세계 도시는 이주자들의 문화로 다채롭다.

이주자migrant와 이민자immigrant/emigrant는 어떻게 다른 지 알아볼까요

이주migration는 무엇일까요?

이주는 내가 사는 지역, 나라, 대륙 등을 떠나 다른 곳으로 이동해 살아가는 것을 뜻해요.

원래 자기가 살던 곳을 떠나는 사람을 **이민자emigrant**라고 하고, 목적지에 도착해 그곳에서 머물면 **이민자 immigrant**라고 해요. 영어 단어에서는 분명한 차이가 보이지만, 한국어로는 **이민간다**와 **이민온다**로 차이를 두고 있어요. 이주는 이 두 가지 움직임을 순서대로 진행하는 거예요. 현재 국가를 떠나 이민가서 새로운 나라에 머무르면 그 나라로 이민 온 이민자가 되는데, 이 일련의 과정을 이주migration라고 부르는 것이지요.

IMMIGRANT
이민자(이민오다)

EMIGRANT
이민자(이민가다)

과테말라

> 과테말라 사람이 이민간다는 것은 그가 과테말라를 떠난다는 뜻이다. 그가 미국에 도착해 그곳에 머물면, 미국의 이민자가 되는 것이다.

불법 이주자

이주가 반드시 합법적으로 이루어지는 건 아니에요. 이민자들 대다수가 **불법** 상태로 머무는 경우가 많아요. 왜 그럴까요?

캐나다와 호주는 이민자를 지원하는 법률을 제정해서, 그들의 상황을 합법적으로 만들어주려고 애쓰지요. 그러나 대부분의 나라는 이민자에게 호의적이지 않아서, 이민 제한정책을 시행하고 있어요. 트럼프 전 미국대통령은 강력한 이민 제한정책을 펼쳐 미국의 문을 굳게 닫았던 적도 있어요.

유엔과 비정부기구들은 인도적 차원에서 이주자들을 지원하고 있어요. 이동의 자유도 인권이기 때문이에요. 이주자들이 고향을 등질 수밖에 없는 불가피한 이유도 있기 때문이지요. 그래서 **불법 이주자**라는 표현 대신, 정규화 되지 않은 또는 기록 없는 이주자라는 표현을 사용하고 있어요.

유엔 난민기구

> 난민의 권리와 복지를 보호하는 유엔기구 중 하나이다.

이주자는 누구일까요?

유엔 관련기구인 국제이주기구는 이주자를 국제 경계를 넘거나, 국내에서 일상적인 거주지 밖으로 이동한 사람으로 정의하고 있어요. 그래서 아래의 상황과 관계없이 이주자를 인정해 주고 있어요.

- 법적 지위
- 이주의 자발성 또는 강제성
- 이주의 이유
- 머무는 기간

사람들은 왜 이주하는 걸까요?

인류는 선사시대부터 계속 이동해 왔어요. 지금보다 더 나은 환경과 조건을 찾아서 이동하는 거지요. 그들이 본거지를 떠나는 이유나 요인은 다양해요. 경제와 정치·생태·종교 문제 또는 군사적 이유나 테러리즘, 인권 문제일 수도 있겠지요.

중앙아메리카 사람들은 새로운 일자리와 기회를 찾아서 미국으로 이주해요. 시리아인들은 정치적·군사적 분쟁에서 벗어나려고 이주하고요. 역사상 학대를 피해 이주했던 사례도 있지요. 나치주의가 유럽을 뒤덮던 시기, 유대인들이 그러했어요. 중국의 독재를 견디지 못한 티베트인들도 그러했고요.

환경도 아주 중요한 요인이에요. 기후 변화로 물이 부족해지거나 환경 오염이 심해지면 어쩔 수 없이 고향을 떠날 수밖에 없어요.

1890년 – 칠레 중앙지방에 사는 사람들이 칠레 북부에 위치한 초석 작업장에서 일하기 위해 이동하고 있다.

이주의 어려움

이주는 생각만큼 쉽지 않아요. 사랑하는 사람들과 이별해야 하고, 정든 고향을 떠나야 하기 때문이지요. 또 다른 나라에서 낯선 언어를 배워야 하고, 관습을 아예 바꿔야 할 때도 있으니까요.

새로운 땅에서의 도전

이주자들은 운 좋게 친절한 사람들의 환영과 도움을 받을 수도 있어요. 하지만 현지 사정에 밝지 않기 때문에, 어처구니없는 사기를 당하거나 곤경에 처할 수도 있지요.

멕시코 국경을 넘어 미국으로 이주하려는 사람들에게 **코요테**라는 사기를 치는 패거리들이 있어요. 이들은 이민자에게 국경을 넘게 해주겠다면서 미리 사례금을 챙겨요. 이민에 성공한 뒤에는 일자리를 제공하겠다는 약속까지 하면서요. 그러나 이것은 함정이지요. 이민자들은 아예 국경조차 넘지 못하기 일쑤예요. 물론 약속된 일자리도 거짓이고요.

합법적으로 이주하는 사람들도 현지인들의 불신과 인종차별 때문에 곤란해질 수 있어요. 현지인 중에는 이주자들 때문에 직업이 위협받거나 그동안 누리던 혜택을 잃을지도 모른다고 두려워하는 사람들이 많기 때문이에요. 또 단지 이주자라는 이유로, 못 사는 나라 출신이라는 이유로 멸시를 당하는 경우도 있어요.

극적인 이주자, 말랄라

말랄라 유사프자이는 파키스탄 출신 여성활동가예요. 2012년 그녀의 극적인 이주 사례는 사람들의 시선을 끌었어요.

2012년 10월 9일 학교에서 버스를 타고 귀가하던 말랄라는 탈레반이 쏜 총에 맞아 중태에 빠졌어요. 그녀의 여성교육권 투쟁이 탈레반의 심기를 거슬렀기 때문이에요. 말랄라는 급히 영국 버밍엄으로 옮겨져 치료받았고, 극적으로 회복했어요. 이 사건으로 말랄라의 교육권 투쟁이 국제적인 주목을 받게 됐지요. 말랄라는 영국으로 이주해, 파키스탄 여성의 현실을 널리 알리고 있어요. 그녀는 2014년 노벨평화상을 수상했어요.

그녀의 책 《우리는 난민입니다》에는 교육에 목마른 파키스탄 소녀들의 현실이 담겨 있어요.

멕시코와 미국 국경을 가로지르는 리오그란데강
멕시코에서는 리오브라보라고 부른다.

20세기~21세기 - 멕시코와 미국 국경을 불법으로 넘는 사람들을 도와주는 코요테(불법 안내자)

21세기에도 이주는 계속되고 있어요

코로나팬데믹 때문에 국경이 폐쇄된 적도 있지만, 이주자들의 행렬은 멈추지 않았어요. 지금도 많은 사람들이 고향을 떠나 다른 나라로 향하고 있어요.

국제이주기구의 통계에 따르면 2020년, 전 세계 이주자는 2억 8천만 명이 넘어요. 10년 전과 비교하면 이주자가 5천1백만 명이나 늘었어요. 그 이주자 숫자는 전 세계 인구의 3.6%나 돼요. 이주자의 비율은 점점 늘어나는 추세예요. 2000년에는 이주자가 전체 인구의 2.8%, 1980년에는 2.3%를 기록했지요.

조상들이 이주를 통해 꿈을 이룬 것처럼, 이민자들은 어려움을 극복하고 새로운 삶을 꾸리기 위해서 노력하고 있어요.

이민자들은 고향을 그리워할까요?

다정한 친구들과 정든 장소, 맛있는 음식을 뒤로 하고 낯선 나라로 이주하는 것은 용기가 필요해요. 이주는 값비싼 대가를 치르는 결정이기 때문이에요.

이민자는 고향의 모든 것을 그리워할 거예요. 당연하지요. 그러나 새로운 곳에는 그들이 간절히 원하던 기회가 있어요. 그들을 떠나게 만든 걸림돌도 없지요. 이민자들은 도전과 노력에 대한 대가를 믿으면서 앞으로 나아가야 해요.

역사적 이주

인류의 이동이 역사 발전에 얼마나 핵심적인 역할을 했는지 알고 있나요?

스페인 사람들이 아메리카 대륙에 도착한 건 역사적으로 유명한 사건이에요. 하지만 그만큼 널리 알려지지 않았지만, 역사의 흐름을 바꾼 사례들도 많아요.

내가 지금 여기에서 사는 것도 지구에서 일어난 수많은 이주의 결과예요. 나의 조상이 탄자니아에서 대한민국으로 바로 건너온 게 아니잖아요? 조상들은 대를 이어 오랫동안 끝없이 이주를 거듭하면서 이곳에 닿았던 거예요.

민족들은 어디에서 왔을까요?

그리고 어떻게 이동했을까요?

약 5만 년 전, 아메리카 대륙은 사람이 한 명도 살지 않는 불모지였어요. 처음으로 아시아에서 넘어온 사람들

15~20세기 - 이주 흐름도

이 아메리카에 정착했지요. 그들이 사방으로 퍼져 나가면서 터전을 일구었고요.

15세기경부터 유럽인들도 아메리카 대륙으로 이주했어요. 카스티야인과 포르투갈인, 영국인, 프랑스인들이었지요. 17세기에는 아프리카 출신 노예들이 유럽인들에 의해 강제로 이주했지요. 정복자인 유럽인들이 식민지 아메리카에서 노예로 부리려고 데려온 거예요.

그 후로도 여러 민족이 아메리카 대륙에 속속 도착했어요. 지금도 아메리카 대륙으로 건너오는 이주자들은 많아요. 아메리카 이주의 역사는 현재도 활발하게 진행 중이에요.

인류의 조상 오스트랄로피테쿠스가 아프리카 탄자니아를 떠나 처음으로 이주를 시작했다고 말했지요? 그런데 그들은 왜 탄자니아를 떠났을까요?

먹을 것을 찾아서? 인구가 너무 많아져서 먹을 게 부족해졌나요? 맞아요! 그들은 배불리 먹을 수 있는 장소를 찾으려고 길을 떠났어요. 첫번째 이주가 선사시대부터 일어났다는 거!

좀 놀랍지 않나요?

아메리카 최초의 모험가들

지금으로부터 약 3만 년 전에서 1만 5천 년 사이에, 호모사피엔스는 시베리아와 알래스카 사이의 베링 해협을 건너 아메리카로 이주했어요. 당시는 빙하기라서 베링 해협이 꽁꽁 얼었기 때문에 가능한 일이었지요. 이주자들은 매머드 같은 대형 동물들을 따라 이동해 왔다고 해요.

세계 곳곳에서 수천 명의 약탈자들이 떼를 지어 등장했어요. 그들은 농경을 하는 정착민들을 공격했어요. 식량을 얻기 위해서지요. 중동과 유럽이 등장하기 전, 고대 문명이 등장하기 전까지 이들은 약탈을 계속하면서 쉬지 않고 이동했어요.

떠돌이 민족 유대인의 정착

유대인의 이주 역사는 매우 극적이에요. 고대 유대인의 역사책인 성경에는 이렇게 나와 있어요.

유대인들은 약속의 땅을 찾아 메소포타미아를 떠났지만, 이집트에서 발이 묶여 수년간 노예 생활을 했다고요. 지도자인 모세가 나타날 때까지지요. 그들은 모세와 함께 **엑소더스(대탈출)**를 감행했어요. 대탈출 이후 유대인은 팔레스타인에 도착했어요. 현재 이스라엘 지역이지요.

그러나 로마가 이스라엘을 점령했어요. 유대인들은 다시 이스라엘을 떠나야 했지요. 세계 역사에 **디아스포라**라고 하는 대이동에 나선 거예요. 그들 대부분은 유럽으로 이주했어요.

유럽인들은 그들을 환영하지 않았지요. 유대인들은 인종차별을 받았어요. 가장 끔찍한 인종차별 사건은 2차 세계대전 때 발생한 대학살, **홀로코스트**예요.

2차 세계대전이 끝난 후, 유대인들은 고대 유대인의 땅이었던 팔레스타인 지역으로 다시 돌아왔어요. 그리고 1948년 유엔의 지원을 받아 유대인의 나라 **이스라엘**을 건국했어요. 하지만 이미 그 땅에 터를 잡고 살았던 팔레스타인들이 거세게 반발했어요. 이스라엘의 건국은 중동 분쟁의 불씨가 됐어요. 거의 2천 년 동안 세계를 유랑하던 유대인들! 그들은 지금으로부터 약 70년 전 비로소 자신들의 나라를 갖게 됐어요!

이주가 지도를 바꿔요

5세기에는 게르만족의 대이동으로 서로마 제국이 멸망했어요. 서로마인들은 게르만족을 피해 유럽을 떠나 멀리 이주했어요.
게르만족들이 유럽으로 이주하면서, 지금의 유럽 지도가 거의 완성됐지요.

사실 게르만족도 아시아 유목민인 훈족의 공격을 피해 어쩔 수 없이 서로마 지역으로 옮겨온 거예요. 훈족에게 영토를 빼앗겼기 때문에 게르만족도 이동할 수밖에 없었어요.
여기에서 알 수 있는 사실!
민족 단위의 대규모 이주는 다른 민족까지 이주하게 만든다는 거예요.

410년 - 서고트 왕국의 초대 왕 알라리쿠스 1세가 이탈리아 로마를 점령했다.

새로운 지평선

유럽인의 아메리카 대륙 정복은 대규모 이주를 불러왔어요. 16세기와 17세기 사이에 약 250만 명의 유럽인들이 아메리카 대륙으로 건너왔어요. 대부분 스페인과 포르투갈 사람들이었지요. 그 후 수많은 흑인 노예들도 영국 식민지인 북아메리카로 넘어왔어요.

미국을 위대하게 만들자! Make America Great!

혹시 이 말을 들어본 적이 있나요? 이 말이 무엇을 뜻하는지 알고 있나요? 19세기 말에서 20세기 초, 미국은 새로운 기회의 땅이었어요. 이탈리아와 스페인, 아일랜드, 독일, 중국, 일본 사람들이 자신의 나라를 떠나 미국으로 이주했지요. 그들은 새로운 사업을 시작하거나, 금을 캐서 부자가 되는 꿈을 꾸었어요. 미국은 이민자들의 꿈이 만든 나라예요. 그래서 이 유명한 말이 생겨났지요.

19세기 - 미국 뉴욕주에서 자유의 여신상을 바라보는 이주자들

이주에 대해 깊이 이해하기

이주의 기원과 역사적 인식

우리 주변의 모습을 한 번 둘러볼까요? 우리와 다른 외모를 가진 사람들이 생각보다 많지 않나요? 다른 언어를 쓰는 사람들도 있고요. 우리 조상 중 누군가는 저 사람들처럼 일자리나 전쟁 혹은 재난을 피하려고 이곳으로 이주했을지도 몰라요.

역사학자가 되어 볼까요!
가족의 역사를 조사하고, 그것을 기록해봐요.
이주한 조상이 누구인지 알 수도 있겠지요?

공감과 환대

멀리 이사 간 친구들과 새로 이사 온 친구들이 있어요. 다른 학교에서 전학 온 친구들도 있지요. 다른 나라에서 이주해 온 친구들도 있고요. 그들은 모두 새로운 환경에 적응하기 위해 노력하고 있어요.

그들의 입장을 이해할 수 있나요? 그들의 고민에 공감할 수 있나요? 그들이 무엇을 낯설게 느끼는지 알 수 있나요?

유엔은 세계인권선언 제2조에서 인종 또는 피부색, 성별, 언어, 종교, 정치적 및 그 밖의 견해, 민족적 또는 사회적 출신, 재산, 출생 또는 기타의 지위에 관한 차별을 금지하고 있어요. 그러니까 이주자도 어떠한 차별이나 분리의 대상이 될 수 없어요. 이제 새로운 친구들에게 마음의 문을 열 준비가 됐나요?

이어지는 생각들

역사적 사건은 입장에 따라 해석이 달라질 수 있어요.
누군가에게는 침략으로, 다른 누군가에게는 새로운 기회의 발판으로 보이는 거예요.

Chapter 5
소통과 통신기술

오늘 하루 몇 번이나 인터넷에 접속했나요? 친구들과 영상을 공유했나요?
페이스북이나 인스타그램에 게시물을 올렸나요? 우리는 직접 만나지 않고도 얼마든지 다양한 방법으로
소통할 수 있어요. 위성도, 케이블도, 스마트폰도 없던 시대의 사람들은 어떻게 소통했을까요?

인류 역사는 소통의 역사라고 할 수 있어요. 인간은 소통하기 위해 언어를 발명했어요.
언어의 발달이 뇌를 진화시켰고요.
언어는 약 20만 년 전 호모사피엔스가 처음으로 사용하기 시작했어요.
말로 생각을 전달할 수 있는 능력, 언어능력이 문화를 보존하고 발전시켰어요.
언어를 사용해 소통할 수 있는 생명체는 지구상에서 인간이 유일해요.

첫번째 혁명, 언어

다른 사람과 소통한다는 게 무슨 의미인지 아나요? 그건 상대방에게 자신을 이해시킨다는 거예요! 그래서 소통은 지식을 축적하고 생각을 연결하며, 지식을 보존할 수 있게 해주지요. 소통을 거듭할수록 언어가 더욱더 발전한다는 사실도 알고 있나요? 소통을 위해 언어를 발명했는데, 소통하면 할수록 언어가 더 발달한다는 사실! 재미있지요?
지금은 입으로 발음하는 언어, 말에 관해서 이야기하고 있어요. 하지만 사실 글도 언어의 영역이에요. 그런데 글은 말보다 훨씬 나중에 등장해요.

기억력이 소통 기술을 발전시키다

인간에게 기억력이 없었다면, 소통 기술이 지금처럼 발전하지 못했을 거예요. 단어를 사용해 데이터를 만들고, 그것을 전송하거나 저장할 수 있게 해주는 놀라운 장치를 만들지 못했을 거예요. 인간이 언어를 발명한 것은 역사상 최초의 혁명이에요!

기호, 암호, 신호
고대 언어의 형태들

하지만 인간의 기억력은 한계가 분명해요. 영구적으로 지식을 축적하고 전달하는 게 가능하지 않지요. 말로 소통하던 시대, 가장 많은 정보를 가지고 있는 사람들은 바로 노인들이었겠지요? 그런데 그들이 죽고 나면 어떻게 될까요? 그동안 쌓아온 지식이 흔적도 없이 사라지겠지요?
인간은 그들의 지식을 잃지 않기 위해 여러 가지 방법을 고안했어요.

그림, 드럼, 그리고 연기

약 5만 년 전, 사람들은 동굴 벽에 그림을 그리는 방식으로 기억을 보존했어요. 그림으로 사냥법을 알려줬던 거예요. 스페인 알타미라 동굴에 가면, 선사시대 사냥법을 알 수 있지요.
그림뿐 아니라 다른 원시 기술도 이용했어요. 그것은 지금 우리가 사용하는 카카오톡처럼 짧고 빠르게 생각을 전달할 때 사용했어요. 바로 드럼이에요.
아프리카는 밀림이 우거져서 사람의 목소리를 멀리 전달할 수 없었어요. 그래서 미리 약속한 리듬으로 드럼을 쳐서 메시지를 전달했지요.
봉화도 고대 여러 문화권에서 소통의 수단으로 사용했어요. 중국 만리장성에서는 적군이 침략하면 봉화를 피워올렸어요. 이 신호는 먼 곳에서도 볼 수 있었지요.

동굴 벽화와 만리장성의 봉화도 고대 언어의 형태

역사상 가장 위대한 발명품, 문자

어린 시절 글을 배웠던 기억이 나지요? 그것은 매우 중요한 경험이에요. 우리를 흥미로운 책의 세계로 이끌었으니까요. 지금도 이 책을 재미있게 읽고 있잖아요?

문자의 발명은 인류 역사상 가장 위대한 사건이에요. 문자는 인류 역사에 커다란 변화를 몰고 왔어요. **문자로 지식을 기록할 수 있게 된 거예요.** 또 쪽지나 문서, 책 등의 구체적인 형태로 남길 수 있어서 말보다 정확한 의사소통을 할 수 있게 했지요. 문자는 고대의 가장 중요한 발명품이에요. 역사상 최초의 문명인 메소포타미아 문명은 문자와 함께 등장해요!

역사학자 중에는 역사가 문자의 발명부터 시작됐다고 주장하는 사람도 있었을 정도예요. 그러나 오늘날에는 문자 이전 최초 인류가 탄생한 시점부터 역사가 시작됐다는 점에 모두가 동의해요. 당연하지요! 읽거나 쓰는 법을 몰라서 기록이 남지 않았을 뿐이지, 최초 인류는 이미 그 전부터 존재했으니까요. 어느 누가 선사시대가 없었다고 부정할 수 있겠어요?

최초의 문자

기원전 3,500년경, 메소포타미아의 수메르인이 쐐기 모양의 문자를 발명했어요. 갈대를 잘라 만든 여러 모양의 쐐기들로, 점토판을 꾹꾹 찍어 기록을 남겼지요. 이것이 인류 최초의 문자예요.

쐐기문자보다 널리 알려진 것은 이집트의 상형문자예요. 상형문자는 기원전 3,000년에 발명한 문자로, 그림 문자예요.

이집트인들은 상형문자를 **파피루스** 위에 적었어요. 파피루스는 나일강에서 자라는 식물 잎사귀로 만든 종이예요.

중국은 어떤 문자를 만들었을까요? 그들 역시 그림 문자를 발명했지요. 현재 거북이의 등딱지에 새긴 문자가 남아있어요. 그것을 갑골문자라고 불러요. 아직 종이가 발명되지 않아서 거북이 등에 쓴 거지요. 기원전 2세기경, 한나라에서 드디어 종이를 발명했어요. 중국 사람들도 이젠 거북이 등을 구하려고 애쓸 필요가 없어졌지요.

메소포타미아 문명 쐐기문자

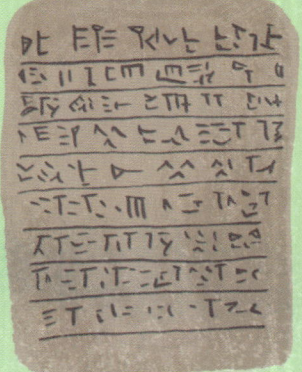

이집트 상형문자

중국 갑골문자

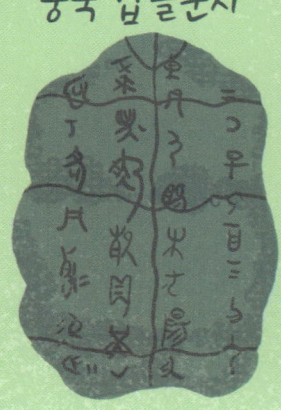

알파벳과 최초의 도서관

알파벳은 조금 더 시간이 흐른 후에 등장해요. 기원전 10세기경 페니키아인들이 알파벳의 조상이 되는 문자를 만들었어요. 그 문자를 현재 알파벳과 비슷하게 발전시킨 것은 그리스와 로마인들이었지요. 그들 덕분에, 지금 우리가 고대 영웅들의 모험담이나 신화, 그리스 철학자들의 사상, 로마의 법률 같은 중요한 기록들을 읽을 수 있게 됐어요. 그들은 문자를 사용해 기록물을 남기는 데 열중했어요. 쉬지 않고 글을 쓰고 책을 만들었지요. 그들의 지식은 나날이 풍부해지고, 책은 점점 더 많이 쌓였어요. 책을 보관할 장소가 필요했지요. 그래서 **도서관**이 탄생했어요!

가장 유명한 도서관은 이집트 알렉산드리아에 있었어요. 이 도서관은 기원전 300년경 알렉산더 대왕이 만들었어요. 기원전 200년경에는 무려 70만 권 이상의 책을 보유하고 있었대요! 하지만 책을 보관할 공간이 점점 부족해졌지요.

프톨레마이오스 3세는 두번째 도서관을 만들라고 했어요. 책을 만드는 데 얼마나 진심이었는지 상상할 수 있겠지요? 아직 학교가 없었으므로, 도서관이야말로 모든 연구의 중심이었어요. 알렉산드리아 도서관의 관장이자 수학자였던 에라토스테네스는 도서관에서 지구의 지름을 계산하는 연구를 진행했어요. 그는 실제 지구 지름과 거의 비슷한 수치를 계산해 냈어요! 대단하지 않나요? 지구 자전축의 기울기도 거의 비슷하게 계산해 냈대요.

알렉산드리아 화재

로마의 장군 율리우스 카이사르의 이름은 들어봤겠지요? 영어로는 줄리우스 시저라고 해요. 기원전 48년 그가 클레오파트라 여왕이 다스리는 이집트를 침략했을 때, 알렉산드리아 도서관이 불탔어요. 전투 중어 일어난 화재 때문이지요. 도서관의 책들과 유물은 한 줌 잿더미로 변했어요. 인류의 문화유산이 흔적도 없이 사라져 버렸어요.

기원전 200년경 - 알렉산드리아 도서관은 70만 권 이상의 책을 보유하고 있었다.

포폴 부라는 책이 있어요

아메리카 대륙의 고대 문명국들도 문자를 사용했어요. 마야 문명은 상형문자를 발명했는데, 스페인 정복자들은 마야 문자와 이집트 상형문자를 혼동했대요. 마야 문자로 쓴 가장 유명한 책은 포폴 부로, 마야인의 인간창조설이 담겨 있어요.

필경 수도사들의 임무

중세 유럽은 알파벳으로 쓴 책들이 넘쳐났어요. 그러나 여전히 많은 사람들은 읽고 쓸 줄 몰랐지요. 집에 책을 가지고 있는 사람도 드물었어요. 상류계급 사람들만 문자를 사용하고 책을 소유했지요.

당시 글쓰기는 실용적인 기능을 중시했어요. 상인은 거래 장부를 작성하고 통치자들은 정치적 사건을 기록했어요. 어린이들도 특권층만 글쓰기 교육을 받았지요. 우리가 현대에 태어난 것은 정말 행운이에요!

책을 보존하는 임무를 맡았던 사람들도 있었어요. 바로 필경 수도사들이에요. 그들은 수도원에서 생활하면서, 손으로 책을 베껴 썼어요. 글자 하나하나를 정성껏 복사한 거예요. 평생 한 권의 책을 베끼면서 일생을 마친 수도사도 있었대요. 믿어지나요?

인쇄기는 세상을 어떻게 바꾸었을까요?

인쇄기는 인류 역사를 바꾼 혁신적인 발명품이에요. 인쇄 기술이 점점 더 발전하자, 대량의 책을 더욱더 값싸게 복사할 수 있게 됐어요. 이전 일반 대중도 읽고 쓰기를 배우고, 책을 소유할 수 있었지요. 이런 변화가 엄청난 결과를 불러왔어요.

인쇄기와 독립운동

인쇄기 덕분에 신문과 다양한 정기간행물도 태어났어요. 1811년 칠레 독립운동을 전파하는 신문 **칠레의 새벽**이 대중에게 첫선을 보였어요. 칠레의 인쇄기는 독립운동에 날개를 달아주었지요.

대한민국은 1919년 3.1운동 때 독립선언서를 대량으로 인쇄했어요. 단 하루 만에 무려 2만 1전부의 독립선언서를 인쇄해 국민들에게 나눠줬지요.

1919년 – 대한민국 독립선언서

소통에 대한 끝없는 갈망

문자의 발명은 소통의 범위를 확장했어요. 말은 특정한 장소에서 소수에게 생각을 전달할 수 있지만, 문자로 기록한 책은 언제 어디서든 수많은 사람에게 생각을 전달할 수 있기 때문이지요.
그러나 책을 직접 베끼는 일은 긴 시간 고단한 노동이 필요했어요. 사람들은 이 문제를 해결하기 위해 고민했지요. 결국 인간은 인쇄기를 발명했어요. 소통에 다한 인류의 갈망이 놀라운 혁신을 이룬 거예요.

인쇄기는 15세기 중반, 독일 사람 요하네스 구텐베르크가 만들었어요. 그가 처음으로 인쇄한 책은 성경이었대요.
대한민국은 금속활자로 인쇄된 직지심체요절을 구텐베르크의 성경보다 80년 앞서 제작했어요.

산업혁명과 인쇄기의 역할

18세기 중반부터 19세기 초까지 영국에서 일어난 산업혁명으로 사업의 확장, 무역의 번영과 함께 소비자인 대중에게 정보를 전달해 줄 매체가 필요했어요. 최초의 대중매체는 신문이에요. 인쇄기는 신문 산업과 결합해, 뉴스와 광고를 폭발적으로 생산했어요. 이미 읽고 쓰기를 익힌 대중들은 신문을 통해 세상과 소통하고, 소비를 결정했지요. 어린이들도 신문과 책을 쉽게 접하게 됐어요. 인쇄기가 인류 역사에 놀라운 변화를 불러왔어요.

17세기와 18세기 어린이들은 어떤 책을 읽었을까요?

당시 아이들은 《이솝 우화》를 읽었어요. 우화는 권선징악의 교훈을 담은 이야기예요. 또한 샤를 페로가 지은 동화와 《걸리버 여행기》 같은 모험 소설도 읽었어요.

독서는 훌륭한 오락!

통신 수단의 역사

근대는 산업혁명의 영향으로 여러 기술이 동시에 발전했어요. 그 중에서도 통신 기술의 발전 속도는 눈부셨어요.

1844년, 전신기
모스 부호를 이용해 전신기로 메시지를 전송했다.
전신기는 전선을 이용한 네트워크를 통해 작동했다.

1876년, 전화기
알렉산더 그레이엄 벨이 전화기를 발명했다.
전화기도 전선을 이용했다.
전화기는 테이블에 올려놓거나 벽에 걸어 두고 사용했다.

1895년, 영화
영화는 뤼미에르 형제가 만들었다. 최초로 상영된 영화는 〈열차의 도착〉이다.
영화는 대도시에서 인기몰이를 했다. 사람들은 영화관으로 몰려가 뉴스와
영화를 관람했다.

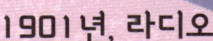

1901년, 라디오
1901년 캐나다 발명가 레지날드 페슨든이 음성을
전송하는 라디오를 발명했다.
대한민국에서는 1927년 경성방송국의 라디오 방송이 최초였다.

1927년, 텔레비전
1927년 미국 필로 판스워스가 세계 최초로 완전한 전자식 브라운관 텔레비전을 완성했다.
1950년부터는 텔레비전이 대중적으로 보급됐다. 텔레비전은 가정생활은 물론 광고와 오락을
대대적으로 변화시켰다. 텔레비전 산업 기술은 오늘날까지 발전하고 있다.

디지털 시대, 우리는 어떻게 여기까지 왔을까요?

약 50년 전부터, 통신 분야는 혁신이 가속화됐어요. 영화관과 라디오, 텔레비전이 전 세계에 보급되면서, 과학자들과 발명가들은 계속 새로운 기술을 창조하고 있었어요. 그 후 컴퓨터와 위성 통신의 발달로, 인터넷 세계의 탄생을 위한 완벽한 시나리오가 완성됐지요!

인터넷이 등장하는 순간, 인류의 소통 방식은 대혁명이 일어났어요. 지금은 언제 어디서든 소통을 할 수 있게 됐지요. 인터넷 덕분에, 시간과 공간의 제약을 넘어 소통하고 있어요!

인터넷은 언제, 어떻게 만들어졌을까요?

1960년대, 초기 컴퓨터는 군사 정보를 수집하고 통신하기 위한 목적으로 개발됐어요. 지금과 같은 돋표는 없었어요.

그러나 기술의 완성도에 응용과학이 더해지면서, 오늘날 전 인류의 소통 네트워크인 월드와이드웹(www)이라는 인터넷 세계가 건설됐어요.

세계인은 모두 WWW로 소통하고 있어요

인터넷은 전 세계 컴퓨터들이 서로 연결된 거대한 네트워크예요. 전 세계의 컴퓨터들은 광케이블로 연결되어 있어요. 광케이블은 데이터를 실어 나르는 최첨단 고속도로예요. 이것은 바다를 통과해 대륙과 대륙까지 연결돼 있어요!

1989년, 영국의 컴퓨터 과학자 팀 버너스리가 월드와이드웹을 개발했어요. 월드와이드웹은 모든 웹사이트가 인터넷에서 작동할 수 있도록 만든 기술이지요.

그로부터 30여 년이 지난 현재, 인터넷은 인류의 삶을 획기적으로 변화시켰어요. 월드와이드웹은 의사소통은 물론 정보 저장 시스템으로, 우리 일상생활에서 데려야 뗄 수 없는 사회적 기능까지 담당하고 있지요.

소통과 통신기술 ♥ 53

미래에는 어떤 기술이 출현할까요

인류 역사를 돌이켜보면, 인간은 정말 놀라운 존재라는 생각이 들어요. 인간은 지구에서 가장 뛰어난 발명가로, 끝없이 노력하면서 새로운 역사를 쓰고 있거든요.

1946년 미국에서 발명한 최초의 컴퓨터 에니악은 사무실 한쪽 벽을 꽉 채울 정도로 컸어요.

하지만 오늘날 컴퓨터는 손바닥보다 작은 스마트폰 속에 들어가지요. 그 스마트폰 하나로 일하고, 수업 듣고, 쇼핑하고, 놀고, 이메일을 보내고, 돈을 지불하고 영상 통화도 하지요. 인간의 능력은 정말 무한한 것 같아요!

요즘 우리를 깜짝 놀라게 한 기술이 있어요.

바로 인공지능!

인간의 사고와 거의 흡사한 방식으로 생각하고, 결정하고, 학습할 수 있는 능력을 갖춘 컴퓨터가 등장했어요!

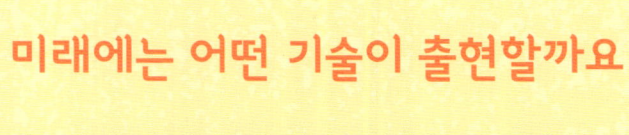

첨단기술이 우리 삶에 미치는 영향

첨단기술이 완벽하게 좋은 건 아니에요. 걱정되는 점도 있지요. 하지만 과거 역사에서 살펴봤던 것처럼, 이 문제도 정답이 하나는 아닐 거예요. 그러나 논쟁을 벌일 만한 즈제이긴 해요.

공간적으로 멀리 떨어진 사람과 실시간으로 대화를 나눌 수 있다는 점은 좋아요. 수천 권의 책을 스마트폰에 저장해 놓고 언제든 꺼내 볼 수 있다는 점도 매력적이에요.
반면 우리를 현실에서 점점 멀어지게 만드는 점은 좋지 않아요. 가상 현실이 너무 즐거워서 거기에서 빠져나오고 싶지 않은 친구들도 있을 거예요. 친구들과 놀이터에서 노는 일이 점점 귀찮아질 수도 있어요.
인공지능이 스스로 배우고 결정할 수 있게 되면, 우리 생활이 지금보다 훨씬 더 편리해질 수는 있을 거예요. 하지만 컴퓨터가 우리 인간의 감성과 가치를 이해할 수 있을까요? 만약 머지않은 미래, 컴퓨터가 내린 결정에 따라 살아간다면 우리는 이미 인간이 아니라 기계로 변해버린거 아닐까요?

Chapter 6
전염병과 역사
현대 세계의 취약성

코로나19의 세계적인 확산은 수백만 명의 감염자와 사망자를 낳았어요. 세계보건기구는 2020년 3월 팬데믹을 선포했어요. 팬데믹pandemic은 그리스어인, 모든pan과 사람들demos을 합쳐서 만든 단어예요. 감염병의 세계적 유행을 의미하는 용어이지요. 과학이 고도로 발달한 시대에, 한낱 바이러스가 세계인의 생명을 이토록 위협한다는 게 믿어지나요? 대체 왜 이런 일이 생겼을까요? 이 전염병이 인류 역사상 최악의 질병일까요? 왜 코로나바이러스는 이렇게 빨리 세계 곳곳으로 퍼져나갔을까요? 과연 지구상에 안전한 곳이 남아 있나요? 이 병은 인종에 상관없이 누구에게나 치명적인 걸까요? 과거 역사에서도 팬데믹이 발생했을까요? 그럼 어떤 병이 언제, 어떻게 유행하다 사라졌을까요? 그때 사람들은 어떻게 대처했을까요?

2020년 – 코로나팬데믹
공공장소 방역 작업과 격리되는 환자

바이러스, 박테리아, 인간

바이러스와 박테리아는 언제나 우리와 함께 살았어요. 까마득한 옛날 지구에 인류가 등장할 때부터요. 그들 역시 우리와 함께 역사를 만들어 왔어요. 그들이 일으키는 전염병은 늘 인간을 위협했는데, 인간이 새로운 곳으로 이동하면 그들도 함께 따라갔지요.

오래전 유행했던 질병들을 자세히 알기는 어려워요. 시간이 너무 흘러서 자료가 부족하거든요. 그래서 과거의 질병을 연구할 때는 고고학과 인류학, 생물학 같은 다양한 학문을 통해서 정보를 얻어야 해요.

기원전 3,000년경 - 이집트의 역병은 성경뿐 아니라 역사도 기록하고 있다.

최초의 전염병

문자 발명 이후에 발생한 전염병은 좀 더 많은 정보가 남아 있어요. 문자로 기록해 놓았기 때문이에요.

전염병은 사람들 사이로 빠르게 퍼져나가는 질병을 말해요. 대유행병은 전 세계 또는 대규모 거주지에서 발생하는 질병이라는 의미가 있어요.

전염병은 과거에 더 많은 사망자를 냈어요. 의학과 위생에 대한 지식이 부족해서예요. 헤시오도스의 《일과 날》을 보면, 질병을 역병이라고 기록했어요. 고대 시대는 인간이 병들거나 고통당하는 것을 신이 내리는 신성한 벌이라고 여긴 거예요.

먼 옛날 부족 생활을 하던 사람들은 환자를 그 자리에 두고 멀리 떠났대요. 잔인하게 들리나요? 그러나 그들에겐 그것이 부족 구성원들의 생명을 지키는 유일한 방법이었어요.

성경에도 등장한 대유행병

대유행병을 가장 처음 기록한 문헌은 성경이에요. 성경은 이렇게 기록했지요.

이집트에서 노예 생활을 하던 유대인들이 모세와 함께 탈출하려고 하자, 이집트 파라오는 그것을 가로막았어요. 그러자 신이 분노해 이집트인들에게 무서운 벌을 내렸대요. 바로 역병이지요.

현대 생물학자와 인류학자들은 당시의 역병을 깊이 연구했어요. 그리고 약 3천 년 전 이집트에서 천연두가 대유행했다는 사실을 발견했지요!

성경이 기록한 신성한 벌은 사실 천연두였던 거예요!

그리스인과 역병

그리스인들은 의학을 깊이 연구했어요. **의학의 아버지**라 불리는 히포크라테스는 역병을 관찰한 다음, 주로 기온과 습도가 높을 때 발병한다는 사실을 알아냈어요.

철학자 아리스토텔레스는 천체의 영향, 즉 별과 행성이 인간에게 미치는 영향이 역병과 관련이 있다고 말했지요. 사실 그의 말은 맞지 않아요. 하지만 이 시대부터 질병 원인에 대한 연구가 활발히 진행됐다는 사실은 알 수 있지요.

그리스 세계에서 발생한 가장 파괴적인 전염병은 바로 **아테네 역병**이에요. 역사가 투키디데스는 이렇게 기록했어요. 아프리카 대륙에서 그리스 아테네로 전파된 역병이 약 10만 명의 사람들을 죽였다고요. 현대 역사학자들은 이 병을 장티푸스로 추측하고 있지요.

그리스의 지도자인 페리클레스도 이 병에 걸려 사망했어요!

천하무적 유행병

투키디데스는 역병을 다음과 같이 묘사하고 있어요.

"여름이 시작될 즈음 스파르타와 그들의 동맹들이 아티카 지역을 침입했다. …… 며칠 후, 무시무시한 전염병이 아테네에 퍼졌다. …… 대규모의 희생자를 냈지만, 이 병이 무엇인지 아무도 몰랐다. 의사들은 원인을 알지 못해 아무런 조치도 취하지 못했다. 환자와 접촉한 의사들이 가장 먼저 사망했다. 신전에서는 기도만 헛되이 울려 퍼졌다. 사람들은 역병 앞에서 모든 것을 포기했다."

기원전 5세기 – 아테네는 전염병이라는 예상치 못한 적의 공격으로 황폐해졌다.

세계 최초의 팬데믹

로마제국 마르쿠스 아우렐리우스 황제 시대에는 안토니누스 가문에서 전염병이 발생했어요. 이 병은 **안토니누스 역병**이라고 불러요. 이 전염병은 로마를 넘어 이탈리아 전역으로 퍼져나갔지요.

이것이 세계 최초의 팬데믹이에요!

이 병은 당시 지중해 지역을 지배했던 최강 로마제국을 거의 무너뜨릴 뻔했어요. 현재의 코로나19와 마찬가지로 로마 사회를 크게 뒤흔들었지요. 순식간에 로마 인구의 7~10%가 사망해 경제가 마비됐거든요.

그동안 로마의 평화를 외치면서, 평화와 번영을 누리던 로마제국은 갑자기 닥친 팬데믹 때문에 수년 동안 지독한 고통에 시달렸어요.

갈레노스는 고대 시대 유명한 의사 중 한 명이에요. 그는 검투사 학교에서 전사들의 상처를 치료하면서 의학지식을 습득했어요. 평생 400여 편의 연구 논문을 썼는데, 안타깝게도 그중 대부분이 서기 191년에 발생한 로마 대화재로 소실됐어요. 그러나 아직 남아 있는 논문에서 이 병의 증상을 찾아볼 수 있지요.

황제인 마르쿠스 아우렐리우스도 안토니누스 역병의 피해자가 됐어요!

동로마 제국은 6세기경 유스티니아누스 대제 때, 전염병의 공격을 받았어요. 당시 사람들은 그 병을 **유스티니아누스 역병**이라고 기록했어요. 그런데 놀랍게도, 유행병의 이름을 당시 황제의 이름을 따서 지었어요. 황제의 권력이 얼마나 무시무시하고 막강했는지를 미루어 짐작할 수 있어요.

당시 자료에 따르면, 이 전염병은 무려 2천5백만 명 이상의 목숨을 앗아갔대요. 하루에 1만 명 이상이 죽었다는 기록도 있어요! 정말 황제처럼 무서운 전염병이 아닌가요?

눈이 따가움 · 매우 목마름 · 피부 발진
기침 · 식욕 부진 · 설사

2세기 - 갈레노스가 기록한 안토니누스 역병 증상

흑사병, 아시아에서 유럽으로 건너오다

지금까지 우리가 알고 있는 가장 치명적인 전염병은 무엇인가요? 아마 **흑사병** 또는 **페스트**라고 불리는 병일 거예요. 흑사병은 14세기 유럽 전역에서 발생했는데, 17세기에도 한 번 더 발생했어요. 14세기에 흑사병으로 사망한 유럽인은 약 1억 명이 넘었대요. 유럽 인구의 1/3에 해당하는 어마어마한 숫자예요!

흑사병은 유럽을 황무지처럼 만들었어요. 이 병은 왜, 어떻게 발생했을까요? 오늘날 연구의 의하면, 흑사병은 아시아에서 건너왔다고 해요. 아시아와 교역을 하던 이탈리아 상인들에 의해 유럽으로 전파되었다는 거지요. 그래서 사실 흑사병의 피해는 인도와 중국이 더 컸을 거예요. 유럽보다 훨씬 더 많은 사람들이 죽었을 테니까요.

흑사병은 어떻게 대륙을 이동했을까요? 이탈리아 상인들이 아시아에서 유럽으로 건너올 때, 그들이 타고 온 배 안에 병균에 감염된 아시아의 쥐들이 타고 있었던 거예요. 그 쥐들이 유럽에 흑사병을 옮겼어요.

쥐 때문에 무너진 유럽

흑사병은 이탈리아 항구를 통해 유럽 전체에 퍼졌어요. 유럽에서 가장 큰 피해를 본 곳은 프랑스와 영국의 도시들이었어요. 이들 도시는 거리마다 쥐 떼들이 들끓었지요.

당시 유럽인들은 종교적인 신념이 강했기 때문에, 신이 벌을 내렸다고 여겼어요. 교회에서는 매일 미사가 이루어졌지요. 죄를 사해준다는 면죄부도 등장했고요. 사람들은 비싼 값에 면죄부를 사고, 신의 심판을 기꺼이 받아들인다는 표시로 스스로 고문을 자처하기도 했어요.

전염을 막기 위한 **사회적 거리두기**는커녕 오히려 함께 모여 기도했기 때문에 피해는 눈덩이처럼 불어났어요.

> 14세기 - 흑사병으로 끔찍한 고통을 겪는 이탈리아 피렌체

16세기 - 유럽인은 아메리카 대륙에 무기뿐 아니라 전염병도 함께 가져왔다.

무기보다 강력한 천연두

스페인과 포르투갈인들은 자기들이 천연두와 함께 아메리카 대륙을 정복했다는 건 몰랐을 거예요. 사실 자신들이 들고 온 무기보다 눈에 보이지 않는 천연두 덕분에 아메리카 대륙 정복이 가능했는데 말이지요.

그들이 아메리카 대륙에 옮긴 천연두는 예상하지 못한 결과를 가져왔어요. 천연두가 신대륙에 도착하자, 아메리카 원주민의 인구는 급격히 감소했어요. 유럽인들은 큰 희생 없이 신대륙을 정복할 수 있었지만, 아메리카 원주민들에게는 엄청난 비극이었지요. 아스텍제국의 수도인 테노치티틀란은 스페인이 침략한 순간 천연두의 도시로 변해버렸어요. 천연두는 원주민들을 떼죽음으로 몰고 갔어요.

왜 원주민들의 피해가 훨씬 더 컸을까요?

어떤 지역이나 집단에 장기간 질병이 발생하면, 점차 구성원들에게 면역력이 생기게 돼요. 이것은 아주 자연스러운 적응과정이에요.

오랫동안 천연두에 시달리던 스페인 사람들은 서서히 면역력이 생기고 있었어요. 그러나 아메리카 원주민들에게는 천연두가 생전 처음 접하는 낯선 질병이었던 거지요. 원주민들의 사망자 수가 정복자들보다 훨씬 더 많았던 이유예요.

작가이자 과학자인 재레드 다이아몬드에 의하면, 콜럼버스가 아메리카 대륙으로 건너온 후 원주민의 약 95%가 천연두로 사망했대요. 정말 상상을 초월하는 숫자예요. 거의 전멸한 거잖아요?

천연두는 아메리카 이외의 대륙에서도 수백만 명의 목숨을 앗아갔어요. 유럽인들이 정복 여행을 멈추지 않는 한 천연두의 피해는 결코 줄어들지 않을 것 같았지요. 그러나 19세기 초 천연두 백신을 개발하자, 세상이 바뀌었어요. 각 나라에서 대규모로 백신접종을 실시했어요. 천연두는 멀리 물러났지요.

쓸모없는 치료법들

질병에 대한 치료법과 위생 같은 의학 지식은 역사와 함께 조금씩 진화했어요. 의학을 미신이 아니라 과학으로 정립하기까지는 정말 오랜 시간이 걸렸지요.

과거에는 성직자와 철학자들까지 질병 치료에 나섰기 때문에 혼란이 지속됐어요. 그들은 종교나 철학적 신념으로 환자의 병을 치료하려고 했지요. 이것은 오히려 환자의 상황을 악화시킬 뿐이었어요.

전염병의 일반적 증상은 고열과 기침, 목의 염증, 피부 누공 등이었어요. 이것을 치료하겠다고 사용한 치료법이 고작 식초 목욕이나 향 냄새 맡기, 상처 부위 찌르기 등이었지요. 환자는 쓸모없는 치료법 때문에 고통받다가 결국 죽음에 이르렀어요.

미사와 순례, 기도 역시 긍정적인 효과를 가져오지 못했어요. 오히려 반대였지요. 사람들이 함께 모여있기 때문에 감염은 더 빠르게 진행됐어요.

14세기에 이르러서야 유럽인들은 처음으로 격리를 시도했지요. 이탈리아의 항구도시 베네치아가 외국에서 온 선박의 짐을 40일 동안 내리지 못하도록 명령한 거예요. 외국에서 온 짐은 40일이 흐른 뒤에야 베네치아 땅으로 들여올 수 있었지요.

괴상한 복장을 한 의사들

흑사병이 유행할 때, 르네상스 시대 의사들은 괴상한 옷을 입고 환자를 진료했어요. 흑사병에 걸리지 않기 위해 고안한 복장인데, 의사의 모습은 너무 기이했어요. 의사들은 부리가 길게 나온 새 모양의 가면을 쓰고, 1m 이상의 지팡이를 들고, 밀랍을 입힌 가죽 튜닉을 입었지요. 이 가면은 지금도 베네치아의 카니발 축제에서 볼 수 있어요.

의사가 이런 모습을 하고 다가온다면 어떤 기분이 들까요? 너무 무서워서 즉시 기절하지 않을까요?

고대 미신
전염병 치료에 혼란을 가져온 치료법들

- 향 치료
- 이발사의 절단 치료
- 흑사병 의사 복장
- 사혈 치료
- 거머리 치료

기원전 3,000년부터 현재까지
전염병 치료와 예방법의 진화

앞으로 도전해야 할 과제

오늘날 유행병은 과거보다 더 자주 나타나고 있어요. 사람들이 대도시에서 생활하고 있기 때문이기도 하고, 세계화로 국가 및 대륙 간의 교류가 활발해졌기 때문이기도 해요. 현대는 전염병이 대규모로 퍼질 확률이 과거보다 훨씬 더 높아요.

물론 현대는 의학과 과학, 예방접종, 위생정책의 눈부신 발전으로 그 위험성을 점차 줄여나가고 있어요. 그러나 최근 우리는 순식간에 세계를 위협하는 코로나19 팬데믹을 경험했어요. 언제, 어떤 전염병이 갑자기 세계를 위협할 지는 아무도 모르는 거예요. 한순간도 경계를 게을리 해서는 안 되지요.

코로나19가 우리를 위협하는 유일한 전염병일까요? 절대로 아니지요! 코로나바이러스의 파급력은 무서웠지만, 이외에도 무서운 질병이 많다는 사실을 잊지 말아야 해요.

에이즈는 지금도 전 세계 수백만 명에게 위협을 가하고 있어요. 남아메리카와 아프리카에서는 콜레라가 발생하고요. 에볼라와 홍역, 뇌수막염 등을 일으키는 바이러스·세균들은 현대 의학이 아직 정복하지 못했어요. 가장 안타까운 점은 이 질병들이 가장 열악한 환경에 놓인 사람들을 공격한다는 거예요.

코로나19의 시작

코로나19는 2019년 말 중국 우한시에서 처음 발생했어요. 동물에서 인간으로 전파된 감염병인데, 감염 속도가 매우 빨랐어요. 환자의 침이나 기침, 재채기할 때 나오는 비말로 전염되었기 때문이에요.

코로나19의 정확한 이름은 COVID-19예요. 이 병명은 코로나Corona와 바이러스Virus, 질병Disease의 머리글자를 합친 COVID에, 최초 발생 연도인 2019년의 19를 더해 만들었어요.

과거에도 우리는 코로나바이러스에 대해 알고 있었어요. 하지만 이번에 등장한 코로나바이러스는 새로운 종류예요. 그래서 전 세계가 공황에 빠질 정도로 들썩였던 거지요. 세계는 이 병을 퇴치하기 위해 서둘러 백신을 개발하고, 사회적 거리 두기와 마스크 착용을 생활화했어요. 세계인 모두가 사회적 책임을 다하려고 애썼어요. 그래도 수많은 희생자가 나왔지요. 도시화와 세계화의 흐름 속에서 바이러스가

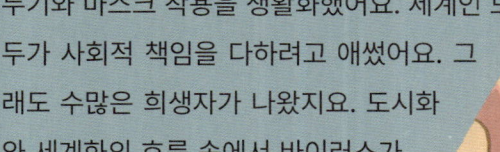

2019년부터 현재 – 코로나19는 전 세계로 퍼졌고, 우리의 일상은 크게 변했다.

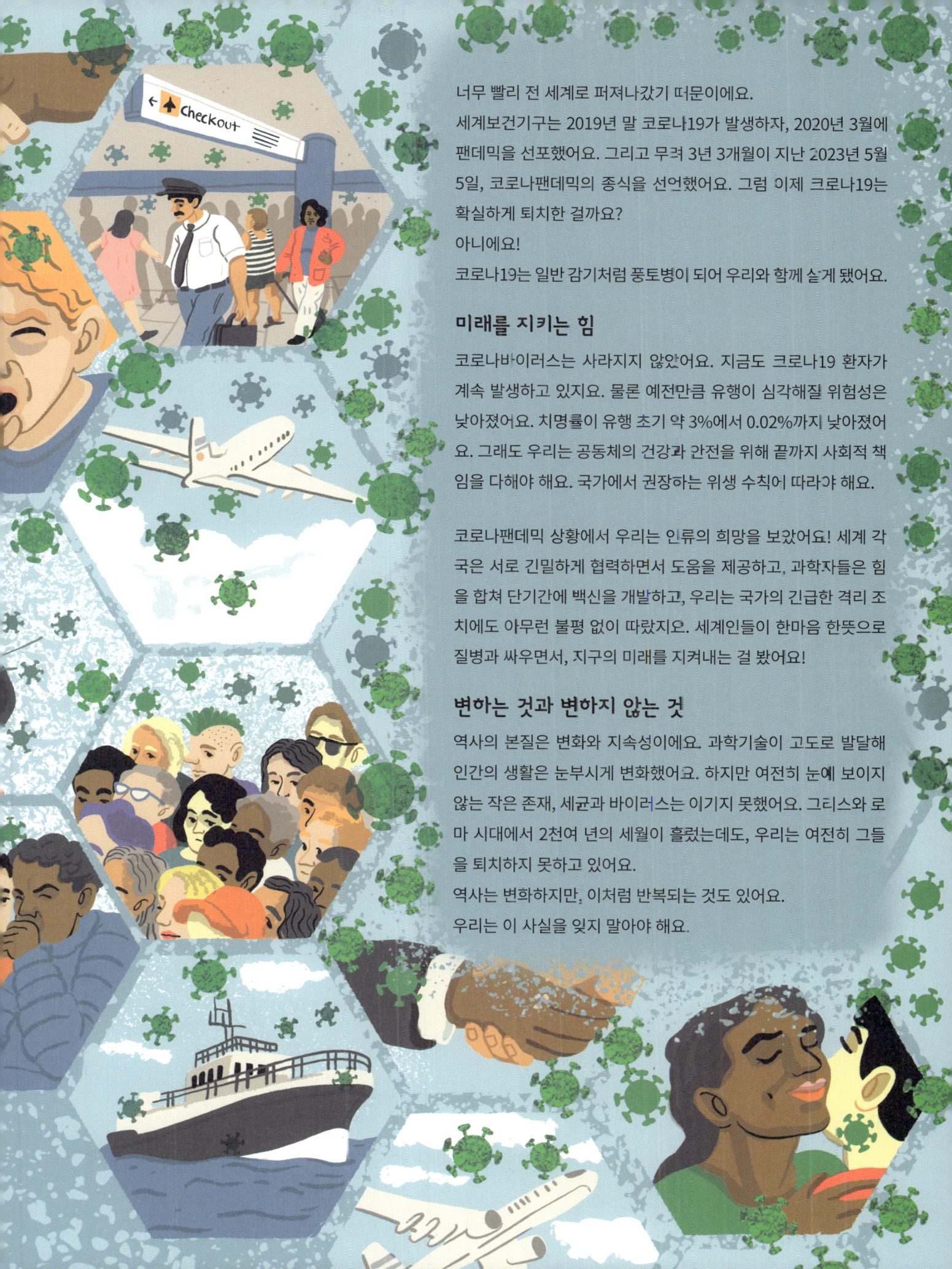

너무 빨리 전 세계로 퍼져나갔기 때문이에요.
세계보건기구는 2019년 말 코로나19가 발생하자, 2020년 3월에 팬데믹을 선포했어요. 그리고 무려 3년 3개월이 지난 2023년 5월 5일, 코로나팬데믹의 종식을 선언했어요. 그럼 이제 크로나19는 확실하게 퇴치한 걸까요?
아니에요!
코로나19는 일반 감기처럼 풍토병이 되어 우리와 함께 살게 됐어요.

미래를 지키는 힘

코로나바이러스는 사라지지 않았어요. 지금도 크로나19 환자가 계속 발생하고 있지요. 물론 예전만큼 유행이 심각해질 위험성은 낮아졌어요. 치명률이 유행 초기 약 3%에서 0.02%까지 낮아졌어요. 그래도 우리는 공동체의 건강과 안전을 위해 끝까지 사회적 책임을 다해야 해요. 국가에서 권장하는 위생 수칙어 따라야 해요.

코로나팬데믹 상황에서 우리는 인류의 희망을 보았어요! 세계 각국은 서로 긴밀하게 협력하면서 도움을 제공하고, 과학자들은 힘을 합쳐 단기간에 백신을 개발하고, 우리는 국가의 긴급한 격리 조치에도 아무런 불평 없이 따랐지요. 세계인들이 한마음 한뜻으로 질병과 싸우면서, 지구의 미래를 지켜내는 걸 봤어요!

변하는 것과 변하지 않는 것

역사의 본질은 변화와 지속성이에요. 과학기술이 고도로 발달해 인간의 생활은 눈부시게 변화했어요. 하지만 여전히 눈에 보이지 않는 작은 존재, 세균과 바이러스는 이기지 못했어요. 그리스와 로마 시대에서 2천여 년의 세월이 흘렀는데도, 우리는 여전히 그들을 퇴치하지 못하고 있어요.
역사는 변화하지만, 이처럼 반복되는 것도 있어요.
우리는 이 사실을 잊지 말아야 해요.

Chapter 7
미래는 우리의 것!
우리는 어떤 역사를 쓰게 될까요?

지금까지 우리는 과거의 역사를 돌아봤어요.
이 과정을 통해 내가 미래에 펼쳐야 할 도전이 무엇인지 떠올랐나요?
내 미래의 페이지에 나와 가족, 친구들, 주변 사람들이 함께 등장할 거예요.
미래는 바로 내 거예요! 우리 거예요!

과거는 왜 중요할까요? 과거의 조상들 덕분에 우리가 바로 여기 도착했기 때문이에요. 또 과거를 제대로 알아야, 우리가 어디로 가야 할지 알 수 있기 때문이에요.

앞으로 어떻게 살고 싶나요? 당연히 행복해지고 싶겠지요? 우리 모두 행복해지려면, 도전하고 결정해야 할 일들이 많아요. 역사의식을 가지고 도전해야 할 일들이 쌓여 있어요.

남성과 여성의 평등권 문제는 우리가 해결해야 할 과제 중 하나일 뿐이에요. 무엇보다 중요한 건 과거를 이해해야 현재를 바꿀 수 있다는 점이에요.

지금 당장 바꿔야 할 것들은 무엇이 있을까요? 상상력을 발휘해 봐요. 그럼 우리가 무엇을 해야 할지 떠오를 거예요. 우리 한 사람 한 사람이 장차 미래 역사를 바꿀 중요한 인물이니까요.

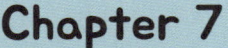

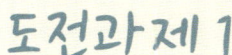

도전과제 1

지속 가능한 지구를 만들어요!

오늘날 우리는 자원을 소중히 여기지 않았던 과거 때문에 환경 위기를 맞았어요. 환경 위기는 인류의 커다란 고민이에요. 어떻게 이 위기를 극복할 것인가?

지구가 파괴되면 인류의 역사도 끝나겠지요? 하지만 지난 역사가 증명하듯, 인류는 언제나 어려움을 극복하고 발전을 거듭해 왔어요. 그럼 그것을 믿고 경계를 늦춰도 될까요? 아니에요! 우 기는 저절로 극복되는 게 아니지요. 행동을 취할 시간은 바로 지금이에요!

그동안 인간의 삶은 많이 변화했어요. 긍정적인 면에서나 부정적인 면에서나! 물과 화석연료, 광물 등 제한된 자원들을 아무런 통제 없이 무제한 소비해 온 점은 비난받아 마땅해요. 끊임없이 생산하는 온갖 물건들과 엄청난 양의 쓰레기들은 정말 위협적이에요. 어떻게 해야, 우리의 터전인 지구의 지속가능성을 지킬 수 있을까요? 이것은 가장 긴급한 과제예요!

재활용 플라스틱으로 만든 물건들

도전과제 2
세계화는 공정하게 적용돼야 해요!

1980년대부터 세계 경제가 하나로 통합되기 시작했어요.
사람들은 세계가 마치 큰 슈퍼마켓인 것처럼 대륙과 대륙을 넘어 물건을 사고팔기 시작했지요.
국가 간 무역 장벽은 매우 낮아졌어요.
이런 현상은 통신과 문화 등 일상생활의 벽도 무너뜨렸어요.
이제 세계는 하나의 마을처럼 움직이고 있어요.

글로벌 타운

세계화 현상은 여러 가지 의문을 낳았어요. 세계화가 인류를 진보시키는 걸까? 인류에게 과연 이익이 될 것인가? 부정적인 영향은 무엇일까? 지역 문화를 통합시킬 수 있을까? 고유한 문화는 아예 사라질 수도 있지 않을까? 과연 누가 부자가 될까? 가난한 사람들도 고르게 혜택을 받을 수 있을까? 질문이 쏟아졌지요.

현실을 한번 살펴볼까요? 지금 입고 있는 셔츠를 봐요. 아마 우리나라 제품이 아닐 거예요. 외국 브랜드거나 외국에서 만든 제품일 거예요. 국내 브랜드라고 해도 원단은 멕시코에서 생산됐고, 베트남이나 중국 공장에서 셔츠로 만들어, 우리나라로 들여왔을 거예요.

셔츠 한 장만 봐도 **세계화**가 느껴지지요? 셔츠 한 장을 만드는데도 세계 여러 나라가 함께 참여하고 있어요! 세계화는 누구나 글로벌 타운의 일원이 될 수 있는 기회를 줬어요. 이건 절대로 나쁜 일이 아니지요. 그러나 모두에게 공평한 이익을 나눠주고 있나요? 누군가는 과거보다 더 심하게 착취당하고 있지 않나요? 우리는 이런 불공평한 차별에 맞서야 해요. 우리의 과제는 세계화가 공정하게 적용될 수 있도록 끈질기게 개선을 요구하는 거예요.

도전과제 3
불평등에 맞서야 해요!

대부분의 나라가 자본주의 경제시스템을 받아들이면서, 자본주의는 세계적인 규모로 확장되었어요. 그러나 자본주의 역시 완벽한 것은 아니에요. 갈등과 대립을 피할 수는 없어요.

우리는 전 세계에서 생산한 백만 가지 이상의 제품과 서비스를 편리하게 이용할 수 있어요. 자본주의의 장점이지요. 그러나 가난한 사람들은 불평등을 호소해요. 돈이 부족해서 상대적 박탈감에 시달리는 거예요. 이런 갈등 현상은 나라와 나라 사이에서 발생하기도 하지만, 같은 나라 사람들 사이에서도 일어나요. 자본주의가 발전할수록 누군가는 점점 더 부유해지고, 누군가는 점점 더 가난해지는 경향이 있어요.

가장 충격적인 사실! 세계불평등연구소가 발간한 〈세계 불평등 보고서 2022〉에 따르면, 세계에서 가장 부유한 10% 인구가 세계 자산의 76%를 소유하고 있는데 하위 50% 인구는 겨우 2%를 소유하고 있대요.

또 가장 부유한 10% 인구가 1년 동안 약 1억 2천만원을 벌 때 가난한 50%는 약 373만원을 번대요. 무려 31배가 넘는 소득 차이가 나지요. 정말 불평등하지 않나요?

믿기지 않는 통계들

이외에도 불평등한 것은 많아요. 여성참정권은 보장됐지만, 남녀 차별은 여전해요. 국제노동기구가 2023년에 발간한 간행물에 따르면, 25~54세 인구 중 여성은 61.4%, 남성은 90.6%가 경제 활동을 하고 있대요. 남성은 대부분 경제 활동을 하지만 여성은 절반이 조금 넘는 인구만 경제 활동을 하고 있다는 의미여요.

물 같은 기본 자원에 대한 권리도 불평등하게 제공되고 있어요. 2023년 유네스코는 세계에서 약 20억 명의 사람들이 안전한 식수를 공급받지 못하고 있다고 발표했어요.

도전과제 4

올바른 민주주의 지키기

19세기 이후, 세계 대부분의 국가는 최상의 정부 형태가 **민주주의**라는 데 합의했어요. 이는 세계인권선언의 원칙과도 일치했지요.

민주주의는 정치의 모든 과정과 절차가 국민의 의사에 따라 이루어지는 체제예요. 주권자인 국민이 정치에 참여하면서, 통치 과정에 영향력을 행사하지요. 국민을 대표하는 대통령이나 국회의원, 시장은 국민투표를 통해 선출하고, 각각 다른 정치적 성향을 가진 정당들도 서로 견제하면서 협상과 합의를 통해 정부가 올바른 방향으로 나아갈 수 있게 하지요.

국민을 대표하는 국회의원들은 국민 투표를 통해 선출한다.

정당들은 각각 다른 성향을 가지고 있다.

협상과 합의로 중요한 결정을 내리고, 정치적 분쟁을 해결한다.

위기에 처한 민주주의

최근 몇십 년 전부터 민주주의 국가에 위기가 찾아왔어요. 국민의 대표자를 뽑는 선거 참여율이 점점 낮아지더니 불신과 편견, 폭력이 정치적 대화를 압도하기 시작했어요. 또한 한쪽 편만 드는 극단적인 광신주의도 등장했지요.

우리의 대표는 우리가 뽑아요.

아메리카 대륙에서는 어떤 일이 벌어지고 있을까?

칠레와 페루, 콜롬비아, 아르헨티나 등 남아메리카 국가에서는 국민이 정치에 불만을 품고 대규모 반정부시위를 벌이고 있어요. 주로 정부의 부패와 각종 불평등에 대한 불만이 폭발하면서 발생한 시위지요.

반정부시위는 지도자들이 비민주적인 방식으로 국가를 운영하기 때문에 시작됐어요. 그들 정부는 자극적인 연설을 일삼으면서 가짜 뉴스 등을 유포해 여론을 조작하려고 하지요. 과거 그들은 이런 방식으로 어느 정도 성과를 거두었기 때문이에요.

국민의 목소리가 가장 중요하다

민주주의에 대한 우리의 과제는 무엇일까요? 지금보다 더 적극적으로 국민의 권리를 요구해야 해요.
민주주의는 말 그대로 국민이 주인이 되는 정치 체제이기 때문에, 국민은 항상 자유롭게 의견을 표현할 수 있어요. 국민을 대신해서 일하는 정부는 불평등에 대한 국민의 불만이나 개혁 요구에 당연히 귀를 기울여야 해요!

도전과제 5

마약과 테러 없는 세상 만들기!

마약 밀매

마약 밀매는 비밀리에 마약을 생산하고 판매하는 불법 사업을 말해요. 마약 밀매는 사회적, 경제적으로 커다란 문제를 일으켜요. 평범한 사람들이 마약중독자가 되어 고통받을 때, 밀매업자들은 엄청난 부당 이득을 챙기고 있지요.

밀매업자는 불법 조직의 범죄 네트워크로 긴밀하게 연결돼 있어요. 부패와 범죄, 뇌물, 폭력으로 얼룩진 밀매업자들 때문에 사람들은 공포와 불안에 떨면서 살지요. 마약 중독은 평화로운 가정을 파괴하고 사람들을 죽거나 다치게 만들어요. 가정이 파괴되면, 사회도 무너지고 국가도 쓰러져요. 오늘날 몇몇 국가에서는 마약 밀매가 점점 더 심해진대요. 파나마나 멕시코, 콜롬비아가 그렇지요. 인류에 해악을 끼치는 마약 범죄는 당장 끝내야 해요! 이것 역시 매우 시급한 과제예요!

테러리즘, 정치적 무기

테러는 공포와 불안을 심어주는 가장 폭력적인 방법이에요. 정치적 충돌을 폭력으로 해결하려는 테러리즘은 아주 잘못된 선택이지요. 국가와 국가가, 민족과 민족이 서로 보복하기 위해 테러를 계속한다면 무고한 사람들의 고통은 절대로 끝나지 않을 거예요.

인류 역사가 가장 비극적으로 기록한 테러는 2001년 9월 11일 미국에서 일어났어요. 보통 9.11 테러라고 부르는 테러 사건이에요. 이슬람 테러 단체가 4대의 여객기를 강탈해 뉴욕 세계무역센터와 주변 건물을 연속적으로 강타해 약 3천 명의 목숨을 앗아간 사건이에요.
이것은 이슬람 테러 단체인 알카에다의 소행이었지요.

알카에다의 조직원들은 동시다발적으로 여객기들을 납치해 뉴욕으로 향했어요. 그들의 목표물은 미국의 상징인 세계무역센터였지요. 그들은 승객들을 태운 채, 목표물에 충돌해 버리는 자폭테러를 감행했어요.
이 테러는 전 세계에 엄청난 충격을 주었어요. 승객을 포함해 건물 안팎에 있던 사람들까지. 무려 2,996명의 사람들이 순식간에 목숨을 잃었지요.

현재 급격히 늘고 있는 마약 밀매와 테러리즘은 국가를 뿌리째 흔들고 있어요. 이들의 범죄 방식은 정부의 대응보다 훨씬 더 빠른 속도로 진화 중이에요. 마약 밀매와 테러리즘의 근절은 우리가 반드시 도전해야 할 과제예요!

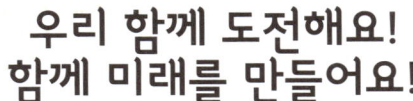

우리 함께 도전해요!
함께 미래를 만들어요!

빈곤이나 환경 오염, 이주 위기와 같은 도전 과제들은 쉽게 해결할 수 있는 문제가 아니에요.
그래서 더 도전해야 해요. 이것은 우리 세대에게 주어진 기회예요.
우리가 이런 과제들을 해결한다면, 우리 손으로 더 나은 미래를 만들 수 있지요!
우리가 바로 역사의 주인공이라는 것을 기억해요!
우리가 선택한 행동이 우리의 미래를 만든다는 사실을 잊지 말아요!
우리는 역사상 가장 발전한 시대에 태어난 행운아예요.
맘껏 도전하기에 이보다 더 좋은 무대는 없어요!

가만히 주위를 둘러봐요!

오늘날은 누구나 자신의 의견을 말할 수 있어요. 생각하는 것, 필요로 하는 것, 이해하는 것을 자유롭게 말할 수 있지요. 과학기술의 발전으로 각자 목소리를 낼 수 있는 무대도 많아졌고요. 또한 그 목소리를 들을 수 있는 통로도 다양해졌어요.

우리는 무엇이든 선택할 수 있어요. 과거를 그리워하면서 **예전처럼** 되기를 바랄 수도 있지만, 지난 시대의 가르침을 소중한 유산으로 보존하면서 앞으로 나아갈 수도 있어요. 더 나은 세상을 위한 모험에 참여해요!

우리는 과거 시대와 비교도 할 수 없을 만큼 많은 정보와 지식, 기술의 시대에 살고 있어요. 이 멋진 보물을 어떻게 하면 가장 올바르게 활용할 수 있을지 알아봐요!

인권을 위해 투쟁하는 방법은 여러 가지예요. 공존과 협력의 기회도 많아요. 우리는 그저 어느 분야에서 활동할지 결정하면 돼요!

미래는 우리의 것

에필로그
역사의식과 공감 능력이 가장 중요해요!

제법 긴 여행이었지요?
이제 우리는 역사가 과거와 현재를 포함해 미래까지 연속적으로 이어지는 변화의 과정이라는 것을 알게 됐어요.
과거가 현재를 만든다고 했지요?
오늘의 나는 과거의 결과물이에요.
또한 현재가 미래를 만든다는 말도 했지요?
오늘 내가 하는 행동이 나의 미래를, 우리의 미래를, 인류의 미래를 결정할 거예요. 우리는 이러한 역사의식을 가지고 생활해야 해요.

역사의식을 가지면, 세상의 변화와 연속성을 이해할 수 있어요. 과거가 현재를 만든 원재료라는 사실을 반드시 기억해요! 역사는 오랜 세월 이렇게 계속 꼬리에 꼬리를 물고 이어지면서 변화하고 있어요.

지금도 내 행동과 결정에 따라 역사가 기록되는 중이에요.
현재가 얼마나 중요한지 느껴지나요? 눈앞에 문제가 있다면 내 목소리로 당당하게 의문을 제기하고, 토론하고, 도전해야 해요.
내가 바로 역사의 주인공이니까요.

♥역사에서 절대적인 진실은 없어요. 누구의 시선으로 바라보느냐에 따라, 사건 자체를 다르게 해석할 수 있으니까요. 지난 역사는 권력자나 남성, 유럽인의 입장에서 기록했어요. 어린이나 여성, 유색인, 이주자는 소외당했지요. 20세기 중반이 되어서야 비로소 그들도 역사 속 인물로 등장했어요. 이런 변화는 채 50여 년이 되지 않았어요.

그래서 역사는 아직 더 오랜 시간 연구하고 분석해야 해요. 역사적 판단은 폭넓은 조사와 연구를 통해서 이루어져야 해요.

♥역사적 맥락을 이해하는 데는 반드시 공감 능력이 필요해요. 사건이 발생했을 때라고 생각하면서 상상하는 능력을 길러야 해요. 그래야 역사 속 인물들의 태도와 동기를 짐작할 수 있어요.

역사는 역사가와 사실 사이에서 일어나는 상호작용의 연속적 과정이며, 현재와 과거 사이의 끊임없는 대화이다.
에드워드 카, 《역사란 무엇인가》

정치 · 중세 · 과거 · 팬데믹 · 자유 · 평화 · 경제 · 의식 · 교육 · 지구 · 세계화 · 혁명 · 신념 · 반성 · 침묵 · 명상 · 커뮤니티 · 어린이 · 활동가 · 국가 · 산업화 · 노동 · 이주